國際角力，
關鍵在話語權的爭奪

這就是中國

走向世界的中國力量

CHINA NOW

張維為 著

目錄

Contents

Chapter 1 中國力量：中國崛起是人民自己幹出來的 001

Chapter 2 中國精神：「文明型國家」的底氣 043

Contents

第一章

中國力量：中國崛起是人民自己幹出來的

中國：不尋常的崛起

二〇一九年是中華人民共和國成立七十週年。七十年在人類歷史長河中，只是彈指一揮間，但中國大地已經發生了翻天覆地的變化。而就在這一年，中國的科技領域，有一家叫作華為的公司引起了世界的矚目，因為美國竟然傾一國之力來打壓這家公司。這是中國帶給世界的震撼。華為的崛起就是中國崛起的一個縮影。華為在世界競爭最激烈的5G領域，在核心技術方面，在確立標準方面，都已經趕上了美國，在不少方面甚至超越了美國，這使美國恐慌了，採取了上不得檯面的手段，對付一家民營企業。但這不僅不能阻止華為的崛起，更不可能阻止中國的崛起，而只會進一步加速中國全方位的崛起。

但這麼一個壞事，在某種意義上也可能變成好事。回顧過去二十多年，一九九三年「銀河號事件」，一九九九年中國駐南斯拉夫使館被炸事件，二〇〇一年南海撞機事件，二〇〇八年北京奧運火炬傳遞事件，二〇一八年「綁架」華為高級主管事件，喚醒了愈來愈多的中國人，成了中國人瞭解一個真實的西方最好的教材。這麼多年來，我們中很多人，特別是知識界的一些人表現得十分幼稚，總覺得還有一個無比美好的彼岸世界，也就是西方，特別是美國，結果發現這彼岸世界是虛構出來的。「孟晚舟事件」暴露出了美國的虛偽和霸道：說好的公正自由呢？說好的司法獨立呢？說好的市場經濟、公平競爭、自由貿易呢？說好的契約精神呢？說好的民主人權呢？統統泡湯了。

有人說，是不是中國的宣傳太高調，引來了美國的敵視。其實中國人一直只想做好自己的事，但樹欲靜而風不止。鄧小平當年講韜光養晦的時候，中國的經濟規模還比不上俄羅斯，但今天俄羅斯的經濟規模只與中國的廣東省相當。換句話說，已經長了姚明的個子，還想躲在潘長江後面，那怎麼可能呢？而且即使在三十年前，在鄧小平講韜光養晦的時候，他也明確說韜光養晦只是手段，不是目的，目的是有所作為。中國的利益已經遍佈全世界了，還不敢站出來捍衛自己的利益嗎？不站出來，誰有能力來捍衛你呢？其實，當已經長成姚明的個子時，就發揮長處吧，把長處發揮到世界級的水準吧。西方是最講求實力的，無論是硬實力還是軟實力。

我們相信合作共贏，我們本著這樣的信念一路走來。但現在美國作為一個世界主要國家不信這個東西，只信「美國第一」，只信零和遊戲。但這是歷史大潮中的一股逆流，最終它也會清醒過來，認識到合作共贏是唯一的出路。中國人會下圍棋，圍棋講究用實力來形成「勢」，中國已經是一百三十多個國家最大的貿易夥伴，這就是實力，這就是勢，大勢一旦形成，勢不可擋。

這七十年，中國人一路走來真是不容易。一九四九年中華人民共和國剛剛成立，美國人就打到了家門口，中國人不得不奮起反擊，毛澤東說，「打得一拳開，免得百拳來」，抗美援朝一仗定乾坤，換來了之後六十多年的和平，否則哪有今天的中國崛起。中華人民共和國成立之初的落後，是現在的我們難以想像的。經歷了長達百年的戰亂，中國陷入了一窮二白的境地。毛澤東當時曾這樣描述中國：「現在我們能造什麼？能造桌子椅子，能造茶碗茶壺，能種糧食，還能磨成麵粉，還能造紙，但是，一輛汽車、一架飛機、一輛坦克、一輛拖拉機都不能造。」

中國隨之開始了以工業建設為特徵的民族復興，但這個過程並非一帆風順。從一九四九年到一九七八年，中國確定了優先發展工業特別是重工業和社會事業的方針。這為後來中國的崛起奠定了比較全面的工業基礎和社會基礎，包括婦女解放、土地改革、普及教育和基本醫療等。中國完成了基本政治制度的建設，建成了比較完整的工業體系、國防體系和科技體系。在這個意義上，應該說，我們前三十年，實現了「三十而立」，為後四十年的國家崛起奠定了基礎。但中國也付出了相當沉重的代價，在政治上走過彎路，民生欠賬很多，中國人民的生活水準還相當低。按照國際標準，絕大多數人的生活還處於貧困狀況，中國的人均國內生產總值（Gross Domestic Product, GDP）甚至低於絕大多數非洲國家。上海當時是中國最發達的地方之一，但多數家庭的人均居住面積才四平方公尺左右。一九八三年我第一次去泰國曼谷，感覺領先上海二十年，八〇年代中期我去非洲的辛巴威和象牙海岸，感覺他們的首都看上去比北京還發達。這就是改革開放歷史巨變初期中國的大致狀況。然而今天，這些國家怎麼和中國比？

中國改革開放的四十年，可以說是「四十不惑」，找到了自己的成功之路，所以我們迎來了中華民族從站起來到富起來的偉大飛躍。這種飛躍透過國際比較可以看得更清楚。我們可以把世界上的國家分為三大類：一類是開發中國家，一類是轉型經濟國家，一類是西方國家。這樣比較下來之後，也許可以更容易地看清中國崛起和中國道路的意義。

開發中國家，毫無疑問，最大的挑戰都是如何解決貧困問題。中國在這方面做得最成功。按照我們自己的標準，在這四十年間，中國有七億四千萬人口脫貧；按照世界銀行的標準，中國有八億五千萬人口脫貧。也就是說，世界上近百分之八十的貧困是在中國消除的，如果沒有中國扶貧的巨大貢獻，世界上的貧困情況將有增無減。有人說中國的貧富差距還是很大。但我說一切還是要在國際比較中才能看得更清楚，我曾經多次提到一個觀點，只要把中國和其他開發中國家比較，就會對中國的成就由衷感嘆。從北京或上海出發，開車二十個小時，無論開到哪裡，開到黑河，開到海南島，開到廣州，開到重慶，只要不開到海裡去，把一路上看到的貧困全部記下來，會少於你在印度這樣的典型開發中國家兩個小時內看到的貧困。這是不能比的，我們的情況要好很多，中國是社會主義國家，進行過土地改革，中國的農民有地、有房子，僅此一點就已經把其他很多開發中國家甩了一大截。而且中國貧困人口的生活水準比四十年前也提高了很多。按照現在的貧困標準，今天還有三千多萬貧困人口，到二〇二〇年，這些人口都將脫貧。中國徹底消除極端貧困的奇蹟，將載入人類文明發展的史冊。

我在七十多個開發中國家實地考察過，他們的貧困和我們的貧困不一樣。我有一個很好的朋友來自印度尼西亞，是研究發展問題的。他說，中國的東道主老說你不要光看北京、上海，你應該到貴州去看看。於是他到貴州去看了，回來跟我說確實不一樣，確實比我們發達很多。他說，你們的貧困家庭，有房子，有地，吃飯有菜。我們那的貧困人口，沒有地，沒有房子，吃得非常差，還吃不飽。

溫飽在中國早已不是問題。可以再舉一個例子。二〇一八年我去過四川的一個貧困縣，一位非洲學者也在那裡，他跟我說，中國這個貧困縣的縣城甚至比我們國家的首都還要繁華和漂亮。我去過近十個中國貧困縣的縣城，基本都是比開發中國家的首都要繁華和漂亮。

還可以舉一個簡單的例子，記得二〇一〇年的時候，在甘肅舟曲發生過土石流，從電視新聞裡可以看到，土石流壓倒的房子很大一部份都是有空調的，而那只是甘肅舟曲的縣城。空調對多數開發中國家首都的居民往往都是奢侈，首先遇到的問題便是市政供電無法保障空調的使用。所以和開發中國家比較，應該說我們是全面勝出。當然，我們可以高標準、嚴要求，以把我們的工作做得更好。

第二，和轉型經濟國家比較。「轉型經濟國家」這個概念實際上我不是特別喜歡用，因為它不能準確地界定我們社會主義市場經濟模式，但是因為暫時還沒有找到更好的概念來概括社會主義國家和前社會主義國家，我就姑且用之。

現在回想起來，感慨萬千。二十七八年前，蘇聯解體、東歐劇變的時候，西方一片叫好，偉大的西方民主模式降臨到了「鐵幕」國家。但是這麼多年過去了，他們所做的事情、所取得的業績跟我們中國所取得的成就沒法比，一個天，一個地。我剛才已經說過，蘇聯解體的時候，俄羅斯的經濟規模比中國大，但今天大致僅相當於中國廣東省的規模。我還可以舉一個例子，中國今天光是外匯儲備這一項——也就是三萬多億美元，幾乎是從無到有建立起來的——就超過了前社會主義國家經濟總量的總和，這其中包括俄羅斯，包括中東歐十六國。

還有就是和西方國家比較。我覺得我們國內一些人一切唯美國馬首是瞻，那我們就把中國和美國比較一下。我經常說三十年河東，三十年河西。二〇一一年我曾和德國《時代週報》（*DIE ZEIT*）的總編，一位德國資深媒體人，在漢堡市進行過一場對話，他那時剛從上海回去，他說我覺得上海愈來愈像紐約了，是不是沒有什麼中國模式，其實就是美國模式？我說你看得可能不夠仔細，實際上上海在許多方面已經超越紐約了。今天來看，上海的機場、地鐵、商業設施這些硬體全面超過紐約，且不是一般的超過，而是領先十五年、二十年的水準。

再來看軟體的關鍵指標，上海人均壽命比紐約高四歲，紐約是七十九歲，上海在二〇一八年的統計數據是八十三歲，上海的嬰兒死亡率也比紐約低，上海的社會治安更比紐約好十倍都不止，等等。我當時跟《時代週報》的總編講了一個觀點，我說，我們是認真學習一切國家的長處，包括美國的長處，但也看到別國制度的問題，我們要避免錯誤。

我經常說中國已經形成了自己的一個發達板塊（包括整個沿海發達地區，特別是長三角城市群、珠三角城市群、京津冀城市群、山東半島城市群，也包括一些內地城市），這個板塊的人口已經超過美國，有四億多人，這個板塊在硬體方面，全面趕上乃至超過絕大多數西方國家，超過美國。軟體的關鍵指標基本上是西方國家的水準，社會治安比美國要好很多。

此外，我覺得還要比較老百姓的家底到底有多厚。我用得比較多的指標是中等水準的家庭淨資產。拿二〇一〇年美國聯準會發表的調查報告和同一年中國西南財經大學做的報告相對比，西南財經大學也是用美國聯準會同樣的標準做家庭淨資產的評估，結果發現中國城鎮家庭和美國的家庭相比，實際上只有一萬美元的差距，中國中等水準的家庭淨資產是六萬六千三百美元，美國是七萬七千三百美元，也就是大概五十萬人民幣。美國中等水準的家庭淨資產，拿到中國四億多人的發達板塊，就屬於弱勢群體了。對於中國來說，這是翻天覆地的變化，四十年前誰能想到？

有人說你是不是把中國農村家庭給忽略了？我是故意刪去的，為什麼刪去呢？因為我看了西南財經大學的研究報告，它沒有把我們農民兄弟事實上擁有的土地算進去，這對我們農民兄弟是不公允的，因為現在土地很值錢。其實，我們哪怕先做個土地虛擬價格的比較，這樣再來和美國比較就更加靠譜。但中國的城鎮人口已經是美國人口的兩倍多了，中國城鎮人口有七個億。這樣一比較，差距已經不大，而且這還是二〇一〇年的水準，這之後，中國人的財富還在增長，而美國多數人的財富沒有增長。

如果說這個指標可以說明中國經濟的進步和人民生活水準的提高，那麼一些大型的社會民調則能夠揭示中國在政治和社會方面的進步。例如，美國皮尤研究中心（Pew Research Center）和法國益普索（Ipsos）都在中國做民調，在回答「你認為你的國家是否走在正確的道路上」這一問題時，中國人認同自己國家道路的比率最高。以二〇一七年的益普索民調為例，中國有百分之九十的受訪者認為中國走在正確的道路上，而在美國這個比率是百分之三十四，在法國是百分之十一，這就可以解釋為什麼法國的「黃背心」抗議運動持續這麼久。二〇一八年，我跟一位極度反對中國政治制度的法國哲學家貝爾納—亨利・萊維（Bernard-Henri Levy）辯論過，他推動了利比亞的戰亂，他指責中國侵犯人權，我說：管好你自己國家的事。（Mind your own business.）我引用了這個民調，我說有超過百分之八十的法國人認為自己的國家走在錯誤的道路上，你沒有想一想這中間有多少人因為人權問題而感到不滿嗎？他拿中國的新疆說事，我說，你們把利比亞搞亂了，把敘利亞搞亂了，你們還想把新疆搞亂？這是絕對不允許的！（No way !）

順便說一句，現在要瞭解「黃背心」運動是否還會繼續下去，可能不用問法國人了，問一下浙江義烏小商品市場，那裡的大數據會告訴你。如果「黃背心」繼續賣得好，就說明這個運動可能還要繼續下去。二〇二〇年的美國大選大概也可以在義烏通過大數據來預測了——看哪個美國總統候選人的太陽帽賣得好。這也說明全球化已經把中國與世界密切地聯繫在一起了。

世界上總是有些人不看好中國，他們說你光是量的增長，沒有質的增長。實際上中國質的增長也非常快，包括研究、創新，等等，恐怕中國進步的速度是世界上最快的國家之一。剛才提到的華為的崛起就是一個縮影。我還可以舉出許多其他例子，如中國以高鐵為代表的軌道交通裝備、通信設備、智慧手機、電網，中國有全球最好的超高壓技術和智慧電網技術，還有自主產權的5G技術。中國的水力發電、火力發電、第四代核電也都世界領先，世界上最大的工程項目幾乎都在中國，包括「八縱八橫」的高鐵工程，包括珠港澳大橋，包括匿蹤戰機、大型運輸機、量子通信、高性能電腦、北斗衛星導航系統、頁岩氣開發，等等。此外，中國還形成了世界上最完整的產業鏈、最完整的產業聚落、最全面的產業類型，這一切形成了一種任何國家都沒有的聚集效應和輻射效應，所以中國的進步不光是量的提高，也是質的飛躍。

我的結論很簡單，經過七十年的奮鬥和探索，應該說中國已經找到了自己的成功之路，這就是中國特色社會主義。可以說這是人類歷史上第一次，一個社會主義國家，根據購買力平價（Purchasing Power Parity, PPP），已經成為世界最大的經濟體，具有世界上最大的中產階層，向世界輸出最多的遊客，具有世界最大的也是增長最快的消費市場。中國的住房自有率超過所有西方國家，包括美國。中國具有世界最大的外匯儲備，還是世界最大的貨物貿易國。中國還基本實現了全民覆蓋的養老保險和醫療保險，雖然水準參差不齊，但至少美國做不到。不管我們今天還存在多少問題，我們為已經取得的成就感到由衷的自豪。有了這樣的成就，我們完全可以自信起來，我們有再多的困難，也能克服。我們已經找到了自己的成功之路和模式，雖然這個模式還在不斷完善之中，但即使是現在這個水準也禁得起國際比較，當然，我們還可以通過進一步的改革開放，把自己的事情做得更好。我相信，只要我們繼續沿著自己探索出來的成功道路前行，我們的前景必將更加輝煌。

中國的崛起是人民自己幹出來的

二〇一九年一月，美國國防部長詹姆斯・馬蒂斯（James N. Mattis）辭去了部長職務。川普（Donald John Trump）總統的內閣部長像走馬燈一樣地換人，已經離職的還有國務卿雷克斯・蒂勒森（Rex Tillerson）——川普一個推特讓他下台了。被辭退的還有司法部長、退伍軍人事務部部長、衛生和公眾服務部部長、環保局局長，以及白宮辦公廳主任約翰・凱利（John F. Kelly）、駐聯合國代表尼基・黑莉（Nikki Haley）等高級官員。

美國主流媒體的一篇評論說，馬蒂斯是川普政府中的最後一位「成年人」，他也辭職了，剩下的都是「孩子」了，美國怎麼辦？也就是說，美國很多人，其實也包括歐洲很多人，都認為馬蒂斯是川普內閣中唯一判斷還算比較成熟的、能夠對川普的種種衝動型決策作出平衡的人。現在川普連他也容不下了，川普的內閣中就剩下一批任性的、心智不那麼成熟的「孩子」了。某種意義上，我也同意這種看法。以美國副總統彭斯為例。他於二〇一八年十月四日在紐約作了一個被稱為「新冷戰」的反華演講。當時我在新加坡，通過電視看他演講的直播，我看出兩點：第一，這個人不自信，從他游移的眼神中可以看出他的不自信；第二，這個人的心智不很成熟，對中國和世界的認知和判斷也不很成熟。他先是說，中國應該感謝美國，因為是美國一手造就了中國今天的成功，然後又話鋒一轉，說中國正在動員一切力量干涉美國內政，要換掉美國總統，簡直匪夷所思。這麼多年來，中國要賣出幾億件襯衫，才能進口一架大客機。一支在中國生產的 iPhone 7，售價至少六百四十九美元，但屬於中國的加工成本僅佔不到百分之一。中國對美國出口一套售價四百五十美元的西服，中國獲得的利潤是百分之五，美國獲得的利潤是百分之八十四。無疑，美國拿了中美經貿合作利潤的大部份，但美國佔了便宜還賣乖，還要對中國打貿易戰，想從中國拿走更大的利潤。

其實是美國自己的政治制度出了問題，美國企業從中國賺的財富未能通過國家的二次分配，惠及多數老百姓，所以就產生了美國富人的財富還在增加，但中產階級的規模卻縮小了的現象。而中國正好相反，雖然我們在中美貿易中得到的好處沒有美國多，但我們的制度還是保證了絕大多數中國人成為改革開放融入全球化的受益者。

中國國家主席習近平在慶祝改革開放四十週年大會上有一段擲地有聲的話，可以看作對彭斯那番言論的最好回應。習主席是這樣說的，中國「四十年來取得的成就不是天上掉下來的，更不是別人恩賜施捨的，而是全黨全國各族人民用勤勞、智慧、勇氣幹出來的！我們用幾十年時間走完了發達國家幾百年走過的工業化歷程。在中國人民手中，不可能成為了可能。我們為創造了人間奇蹟的中國人民感到無比自豪、無比驕傲」。

中國用幾十年時間走完了西方國家幾百年走過的工業化過程，不僅如此，中國這種崛起最不尋常的地方還在於，從世界歷史的角度來看，中國崛起的最大特點就是和平，對外沒有發動任何戰爭，沒有侵略和掠奪別人，而是靠自己的勤勞、智慧、勇氣，實現了人類歷史上罕見的一個超大規模國家的和平崛起，這不得不說是人類歷史上一個非同尋常的奇蹟。

回顧世界歷史，西方崛起的過程幾乎就是一部動盪與戰爭的歷史。以歐美工業革命迅速發展的十九世紀中後期為例，一八四〇年英國對中國發動了鴉片戰爭。一八四八年，也就是馬克思的年代，整個歐洲幾乎都爆發了動亂和革命。到了十九世紀下半葉，英國、法國等西方大國已經把非洲瓜分完畢，其間西方國家之間的衝突和戰爭幾乎沒有間斷。

在非洲以外，一八五四年爆發了英國、法國、鄂圖曼帝國與俄國之間的克里米亞戰爭。一八五八年法國侵佔印度支那，並於一八六五年實現了對印度支那的控制。一八六〇年英國與法國對中國發動了第二次鴉片戰爭，攻佔了北京，掠奪和燒燬了圓明園。

我自己粗略估算，兩場鴉片戰爭後，中國給英國的戰爭賠償足以為英格蘭建立養老全覆蓋，儘管當時英國還沒有養老金制度。現在我們都懂得什麼叫現代化的第一桶金，西方大國崛起的第一桶金、第二桶金來自血與火，來自戰爭，來自殖民，而中國則來自自己人民的勤勞、智慧、勇氣和犧牲。

我繼續講一點歷史。一八六〇年，法國還進軍敘利亞，並在拉丁美洲干預墨西哥內政，扶植起了一個親法的皇帝（一八六一年～一八六七年）。這段時間義大利經歷了血與火的國家統一（一八五八年～一八七〇年）。差不多同一時期，一八七一年，法國爆發了巴黎公社運動，但慘遭鎮壓。同一時期，還有一八七〇年至一八七一年的普法戰爭，這場戰爭宣告了法國拿破崙的第二帝國覆滅，宣告了德國在鐵血宰相俾斯麥的領導下實現了統一。

在北美洲，一八四六年至一八四八年爆發了美國與墨西哥戰爭，美國獲勝，使美國獲得了包括加利福尼亞州在內的大片土地和豐富的資源。今天川普總統要在美墨邊界建牆，墨西哥人調侃，我們無非是想回到過去屬於我們的那片土地。

一八六一年美國爆發了南北戰爭，陣亡的軍人達六十二萬，佔交戰雙方軍人總數的百分之三十至百分之四十。但大家不一定瞭解，美國南北戰爭也有英國的影子，因為美國南方實行的是奴隸制，以奴隸制為基礎的美國南方的農業，特別是棉花，是英國紡織業和其他工業原料的最大供應地。從這個角度看，美國南北戰爭很大程度上也是英國為了維持其工業原料基地與美國力求擺脫對英國依賴的一場戰爭。

南北戰爭結束後不久，確切地說是一八六七年，美國開始了對印第安人的大規模殺戮。那一年美國國會通過了法案，驅趕印第安人，建立所謂印第安人保留地，美國人開始移居到密西西比河以西的草原。到一八八三年，也就是這個法案通過後的十六年，上千萬人口的印第安人減少至二十萬，美國無償獲得了大量的土地和資源。當時，中國和美國都以農業經濟為主，但美國通過殖民和殺戮的手段無償獲得了農業社會最重要的資產：土地。

美國華人的命運也非常淒涼。一八七〇年時，華人曾一度佔到愛荷華州人口的三分之一，他們幫助美國修建了東西鐵路，但和黑人一樣，他們沒有土地和自由。所謂西部牛仔的自由，只屬於歐洲白人男性移民，其中多數是歐洲來的窮人。

回顧這段歷史，是要看看像中國這樣一個大國的崛起是如何之不易。在西方國家崛起的時候，侵略掠奪之血腥，貧富差距之大，社會公正之少，貪汙腐敗之嚴重，令人髮指。但是與今天的中國相比，這些國家可以相對容易地「化解」各種社會矛盾，如英國可以把罪犯「出口」到澳大利亞，把失業者「出口」到非洲，把異教徒「出口」到美洲，還能自己制定世界政治和經濟的所有「遊戲規則」，其貧富差距大於今天的中國幾十倍也沒什麼問題，因為上千萬黑人奴隸和華人「苦力」都是合法的。而中國今天則要在自己的國土上，化解所有工業化、現代化進程所帶來的各種矛盾和難題。

英國十八世紀工業革命時，其本土人口只有一千多萬人，少於今天中國任何一個大城市。法國十九世紀工業革命時，本土人口也只有兩千多萬，而中國現在已經是一個接近十四億人口的大國，在這樣的條件下，中國進行了這樣一場大規模的工業革命和社會革命，在自己境內消化所有的問題，沒有發動戰爭，沒有對外進行掠奪，而是給大部份國人和全球百姓帶來了實實在在的利益，並使中國成了帶動世界經濟增長的火車頭。

正是從這個角度看，中國已經實現的和平崛起意義非同尋常。有一次，我在北京一所大學做了一個關於中國崛起的講座，一位同學問我，中國崛起主要體現在中國經濟總量的提升，但一八四〇年鴉片戰爭的時候，中國的國內生產總值總量比英國還大，中國不還是輸掉了鴉片戰爭？如何解釋這個問題？

我是這樣回答的，確實，一八四〇年中國國內生產總值是世界第一，但中國還是挨打，為什麼？因為當時的中國還是一個一盤散沙的傳統大國，還不是一個「現代國家」，或者用西方的話語來說，還不是一個「現代民族國家」。「中華民族」的意識還沒有在百姓心中形成，而英國已具備「現代民族國家」的形態，所以相比當時一盤散沙的中國，英國已經具有了當時中國所不具備的許多能力，如民族凝聚力、戰爭動員力、現代工業能力、現代貿易能力。我們甚至可以假設在一八四〇年的時候，若中國哪怕有一個省能夠接近當時的「現代國家」的水準，比方說，廣東省先發展起來了，並接近了英國當時的工業和貿易水準，那麼整個戰爭可能就不會發生，因為這意味著至少這個省已經具備了相當程度的現代政府能力、工業能力、外貿能力、防禦能力、涉外交涉能力等，這一切足以阻遏當時的英國。今天中國的情況已經完全不同了。

那次講座上還有一個年輕人問：中國物質財富方面成就巨大，但你看我們的市民素質還相當差，特別是和日本比，這個問題怎麼解決？我說，談中國的事情，一定要有一點歷史感。我承認我們的市民文化和素質有許多需要改進的地方，但千萬不要忘記兩個事實。第一，中國剛剛經歷了人類歷史上最大規模的城鎮化，中國大多數人都是第一次做城裡人，他們昨天還在田頭種地，今天已經開車上高速公路了，這首先是了不起的成就。但我們也要看到，市民文化是城市文明的一部份。在城市裡生活，節奏快了，人口密度大了，就要有一些新規矩，做事要排隊，上地鐵要先下後上，講話的聲音要輕一點，等等。其實，我們的大哲學家、大經濟學家管子，早在公元前六百多年就說過，「倉廩實而知禮節，衣食足而知榮辱」。我們市民的素質一定會逐步提高，但要有一個過程。實際上，回頭看，我們在這方面的進步還不算慢，而且愈年輕的中國人，這方面的素質愈好。

另外我還說，如果你要比較中國和日本，一定要瞭解日本現代化的原始積累是怎麼完成的，否則就很難理解今天中國和平崛起的意義。當年中國在現代化的起點上落後了一步，便喪失了現代化的先發優勢，最後落到了處處被動挨打的地步。日本十九世紀下半葉的明治維新成功後，立刻加入了弱肉強食的西方列強行列，對中國發動了甲午戰爭。擊敗中國後，日本勒索賠款達兩億三千萬兩白銀。兩億三千萬兩白銀是個什麼概念？它相當於當時中國政府三年的財政收入。日本用中國的巨額賠償投資教育、開辦工廠、建設城市、擴軍備戰，日本的整體經濟和軍事實力迅速地上了一個很高的台階。到一九〇〇年，日本已經基本掃除了文盲，而中國是到二〇〇〇年才基本實現這一點，比日本晚了整整一個世紀。

日本在現代化原始積累和後來發展的過程中，榨取了中國人多少血汗、資金、資源？傷害了多少中國人的生命？相比之下，隨著外敵入侵，白銀外流，國庫空虛，中國走向了衰敗。到了一九〇〇年八國聯軍入侵中國，中國又被迫支付戰爭賠款四億五千萬兩白銀，中國從此成了任人宰割的「東亞病夫」。綜觀中國近代史，甲午戰爭之前和「九一八事變」之前，都是中國經濟發展較快，國力呈上升態勢的兩個時期，但日本發動的兩次戰爭使中國現代化事業突然夭折，經濟倒退數十年，無數生靈塗炭。中國最後是從一貧如洗、一窮二白的起點出發，經過數十年的不懈努力，走和平崛起之路，一步一步地趕了上來，並終於在現代經濟和現代國防的基礎上，實現了在經濟規模上對日本的真正超越。根據官方匯率計算，中國經濟規模是在二〇一〇年超過日本的，現在接近日本的三倍。

中國經濟在二〇一〇年超過日本，當時國內很少有人意識到這意味著什麼，不少人把注意力放在人均GDP上，忽略了綜合實力超越的意義。經濟總量的超越、綜合實力的超越也意味著投入科技等各項事業的資金會大幅超越日本。比方說，中國二〇一六年科學研究與試驗發展（R&D）費用為一兆五千四百億元人民幣，佔全世界的百分之二十，僅次於美國，超過歐盟二十八國總和，日本則排在美國、中國、歐盟之後列世界第四，研發總投入只有中國的一半左右。

有人問過這樣的問題，為什麼日本獲得諾貝爾獎的科學家比中國多很多，而中國除了屠呦呦，卻沒有獲獎的呢？其實道理也不複雜，因為諾貝爾獎得獎一般都是獎勵二三十年前的成就，具有滯後性，日本在二〇〇八至二〇一六年諾貝爾得獎人數比較多，並非因為最近幾年日本發生了科技革命，而主要是二十世紀八九十年代日本鼎盛時期，他們國內生產總值和研發投入衝到了世界第二的結果。但如果我們看二〇〇六至二〇一六這十年，全世界被引用次數排在前百分之一的頂尖論文，中國的論文被引次數已經佔百分之十二．八，排在美國之後，位列世界第二，英國排第三，德國排第四，日本排第五。

我不是說，中國在所有方面都超越日本了，日本還有不少方面比中國做得好，但有了今天這樣的成績，我們可以自信起來了。四十年前，鄧小平訪問日本，曾指示隨行的中央電視台記者，多拍一下普通日本人的生活。那時電視畫面上出現了日本普通工人的家庭裡有電冰箱，在當時的中國這絕對是奢侈品，鄧小平當時也是希望通過瞭解一個真實的日本，激發中國人民奮鬥和追趕的鬥志。四十年過去，彈指一揮間，中國崛起了，物質生活和生活條件全面趕上來了，中國百姓的住房條件已經超過日本。中國在新工業革命方面，可能也領先日本了。而這一切都是通過和平發展實現的，是中國人民靠自己的雙手幹出來的，這非常了不起，我們應該引以為豪。

震撼世界的中國工業革命

我們經常聽到這個說法，在中國，一個地方你隔了半年再去，就發現它發生了很多變化，而且總體上是愈變愈好。這種精彩，在世界其他地方很少看到。我們也經常聽到另一個說法，中國人一生可能體驗過老外幾輩子的生活。我自己也在想這個問題，如何從世界歷史的比較中解釋這種精彩。我們現在都在談論第四次工業革命，這是從英國爆發的第一次工業革命算起的，那是從十八世紀下半葉至今約兩百五十年之間發生的，而我思考中國「精彩」後得出的結論是，中國人在一代人多一點的時間內，也就是四十年內，可以說幾乎完整地經歷了第一次、第二次、第三次工業革命，現在又開始經歷第四次工業革命。我把中國的崛起稱為「集四次工業革命為一體」的崛起，所以今天中國三十歲以上的人，可以說都經歷過這種「集四次工業革命為一體」的生命體驗，這種經歷對於多數國人來說，只能用「精彩」兩個字來概括，而且「精彩」還在繼續，我們國人，包括「九〇後」、「〇〇後」也會不斷體驗這種精彩。這使我想起了英國著名歷史學家湯恩比（Arnold J. Toynbee）在一九七三年的時候，被問到：如果你的生命還能再來一次的話，你願意生活在哪個國家？八十四歲的湯恩比毫不猶豫地說——中國。他預感到中國未來的崛起將改變這個世界。

眾所周知，由於歷史的原因，中國錯過了第一次工業革命和第二次工業革命。改革開放前的三十年，我們艱苦奮鬥、篳路藍縷，為中國崛起奠定了基礎，而改革開放以來，中國開始騰飛，我們幾乎是以每十來年完成一場工業革命的速度，一路追趕過來。從二十世紀八〇年代到九〇年代初的十多年，經由大力發展鄉鎮企業，完成了以紡織業等輕工業為主的第一次工業革命。從九〇年代初到二十一世紀初的十多年，我們大致完成了以電力、內燃機、家用電器、石化工業和中高端基礎設施等為主的第二次工業革命，並與西方幾乎同步地進入了以資訊化和通信產業為代表的第三次工業革命，起初是追趕，然後是逆襲，現在已經成為第三次工業革命的佼佼者。今天世界正處於從第三次工業革命轉入第四次工業革命的轉折期，以大數據、人工智慧、量子通信等為代表的第四次工業革命將極大地改變人類生活和運作的方式。應該說，中國已經進入這場新工業革命的「第一方陣」。

我們可以從不同的角度來觀察這種中國奇蹟。我們這種「集四次工業革命為一體」的崛起是一次完全和平的崛起，這是非同尋常的奇蹟。我們可以比較一下歐洲近代發生的工業革命。如果以英國人瓦特在一七七六年發明蒸汽機為標誌，那麼也就是從十八世紀下半葉到十九世紀上半葉，英國爆發了第一次工業革命。現在西方和中國都有不少學者認為，民主、自由、法治等條件引爆了工業革命，這顯然是不符合歷史史實的。工業革命始於十八世紀下半葉，但英國當時已經藉由自己的軍事力量擊敗了它的主要對手西班牙。英國在一五八八年就打敗了西班牙無敵艦隊，成為新的世界海上霸主。早在一六〇〇年，英國就成立了自己向外擴張的「國企」東印度公司，極力拓展自己在印度和美洲的殖民活動。英國的奴隸貿易始於十六世紀下半葉，到十八世紀中葉，也就是工業革命前夕，奴隸貿易達到鼎盛期。從一六八九年到一七六三年，也就是工業革命的前夜，英國和法國發生過四次戰爭，特別是第四次戰爭，英國大勝，英國從法國人手中獲得了今天的加拿大，獲得了今天美國密西西比河以東的全部領土。也就是說，在工業革命發生之前，英國已經通過一個半世紀的殖民掠奪，擁有超過自己國土面積數十倍的殖民地。英國早已通過蔗糖貿易、奴隸貿易、菸草貿易等成為當時世界綜合實力絕對領先的國家。英國已經通過國家力量，為自己打造了一個包括商品、勞力、資本、原材料市場在內的統一國際市場。中國學者文一認為，正是這種巨大的跨國的市場需求，而不是其他原因，引爆了英國的工業革命。換言之，所謂工業革命，它一般有幾個特點：革命性的新技術、超大規模的生產能力、全世界的要素流動和產品銷售等。下面我把中國工業革命的歷程大致梳理一下。

中國的第一次工業革命，大約從一九七八年改革開放開始到一九九五年前後基本完成。它有兩個標誌：一是鄉鎮企業異軍突起，其產品很快就佔了中國普通消費品的半壁江山；二是一九八八年開始的沿海開放戰略，「兩頭在外，大進大出」，使世界的勞動力密集型製造業轉移到中國，使中國生產的普通消費品走向世界。

中國的農村改革是從聯產承包責任制開始的，這場改革解放了生產力，也很快解決了多數農民的溫飽問題，使剩餘勞動力轉向了鄉鎮企業。鄉鎮企業主要靠市場調節；員工亦工亦農，分佈點多面廣，更能適應市場需求的無窮變化。鄉鎮企業大都集中於勞動力密集型的產業，特別是紡織業、農副產品加工業和其他輕工業。

一九八七至一九八八年，中國政府提出了「沿海發展戰略」。當時的國際大背景是，一波新的全球化浪潮襲來。隨著勞動成本的提高，許多發達經濟體正在調整產業結構，勞動力密集型產業正在向勞動力成本較低的地方轉移。中國政府認為中國沿海地區對發達經濟體具有巨大的吸引力。中國人力資源相對便宜，教育水準較高，也有初步的基礎設施，科技開發能力也比較強。換言之，中華人民共和國前三十年所奠定的基礎為這個戰略的實施，為對外開放吸引外資提供了較好的初始條件。中國沿海地區，當時人口近兩億，與美國人口相當。中國政府當時大膽地提出，沿海加工業要開始「兩頭在外，大進大出」。所謂「兩頭在外」，就是把生產經營過程的兩頭

（原材料是一頭，銷售市場是另一頭）放到國際市場上去。這個名為《沿海地區經濟發展的戰略問題》的報告於一九八八年初被呈交給鄧小平，他寫了個批示：「完全贊成。特別是放膽地幹，加速步伐，千萬不要貽誤戰機。」鄧小平是軍人的風格，他的語彙也是軍事語彙。「千萬不要貽誤戰機」是他一貫的風格。這個戰略的實施，使世界許多地方的勞動力密集型製造業開始向中國轉移，有力推動了中國的第一次工業革命，也為後來的第二次工業革命鋪平了道路。

對於普通中國人來說，第一次工業革命給人印象最深的就是「整個中國動起來了」。中國人要擺脫貧困、走向富裕的夢給喚醒了，社會每個細胞都調動起來了。當時有個調侃的說法，叫作「十億人民九億商，還有一億跑單幫」。這顯然誇張得厲害，但我們今天熟知的中國企業家像任正非、馬雲，確實在「跑單幫」。華為的任正非，手拉肩扛在三四線城市為香港的公司做代理，推銷電話設備；馬雲開了個翻譯社，請退休老師幫忙做翻譯，賺點小錢，還賣鮮花、禮品、藥品等雜貨。他曾經就在離上海東方衛視不遠的地方到處攬活，人家看著他還有點兒猶豫：翻譯這活兒能交給他幹嗎？所以上海人今天還在後悔，還在討論為什麼上海當年沒有留住馬雲。所以千萬不要小看勇往直前的初生牛犢，不要小看自我創業的年輕人，他們中可能就有未來的任正非、未來的馬雲。

中國第一次工業革命大致是什麼時候完成的？我把時間節點放在一九九五年左右，主要是這一年前後有幾個標誌性的事件：一是從國家宏觀目標來看，鄧小平在改革開放之初，為中國確定了到二〇〇〇年中國國內生產總值翻兩番，也就是我們講的「小康」目標，這個目標於一九九五年提前完成了；二是一九九五年，中國成為世界最大的紡織品生產國和出口國，紡織業作為第一次工業革命的代表，至少在量的方面，做到了世界第一。同樣在一九九五年前後，中國正式告別了票證制度，這說明中國「短缺經濟」的歷史結束了，人民生活水準總體達到了小康水準。順便補充一句，在這段時間內，中國的初級基礎設施，特別是普通公路、鐵路、民航等也得到了較快的發展。我們現在推動「一帶一路」時常說，「要致富，先修路」，也是對這個時期中國經驗的總結。

中國的第二次工業革命大致從九〇年代初開始，我個人認為，大約在二〇一〇年基本完成。我傾向於把一九九二年鄧小平的南方談話作為中國第二次工業革命的起點，因為這個談話是一個標誌性的事件，是中國繼一九七八年第一次思想解放後的第二次思想解放。如果說第一次思想解放在某種意義上預示了中國的第一次工業革命，那麼鄧小平的「九二談話」就像是中國第二次工業革命的發號令。一九九二年前後，隨著第一次工業革命即將完成，中國在電力工業、家電工業、能源工業、重化工業、製造業、城鎮化、中高端基礎設施等方面出現了全面的需求。這一年，中國正式提出了「社會主義市場經濟」，廣東省提出了二十年趕上亞洲「四小龍」，浦東開發開放計畫邁出了實質性步伐。同一年，中國還出台了《有限責任公司規範意見》和《股份有限公司規範意見》等文件，所以一九九二年經常被稱為中國公司的元年，中國有史以來最大的企業家群體開始崛起。

第二次工業革命的一個主要標誌是二〇〇一年中國加入世界貿易組織（ＷＴＯ）及其給中國和世界帶來的巨變。大家知道，中國加入這個全球最大的多邊貿易體制，促進了各種生產要素和產品在全世界的流通和配置，為中國產品開闢了有史以來最廣闊的市場。出於全球化帶來的競爭壓力，西方製造業也開始大規模地轉移到中國。這一切大大加快了中國第二次工業革命的進程。我之所以把中國第二次工業革命基本完成的時間定在二〇一〇年左右，主要是幾個指標：一是到二〇〇九年，中國的鋼消費已佔據世界總消費的百分之五十，銅消費佔百分之三十六，鋁消費佔百分之四十一；還有一個更重要的指標，二〇一〇年中國超越美國，成為世界最大的製造業國家。大家不要忘記，一九九〇年的時候，中國製造業佔世界的比率僅為百分之二．七，但到了二〇一〇年，這個比率就成了百分之十九．八。換言之，中國在二〇一〇年成了世界製造之都，成為世界最大的工業國，中國內部形成了世界最大的全面配套的產業鏈。之後不久，中國在二〇一三年就成為世界最大的貨物貿易國，並基本形成了世界最大的中產階層。

對於普通中國人來說，第二次工業革命給人印象最深的大概就是「整個中國亮起來了」。一九七八年中國人的用電量只有兩千五百億千瓦時，農村大部份地區沒有通電，城市電網不穩定。到二〇一〇年的時候，中國人的用電量已經是四兆千瓦時，二〇一一年中國發電量超過美國。過去到國外，特別是大中城市，感覺就是人家亮，我們暗，現在反過來，我們亮，人家暗。在個人層面，我又想到了任正非和馬雲。當時任正非的華為公司已經開始投入獨立研發，從類比通信設備開始，進入數位通信設備，直接從第二次工業革命轉入第三次工業革命。馬雲還在做翻譯，如果我沒有記錯，他當時以翻譯的身份，參與一個高速公路項目的投資談判，這算是馬雲有限地參與了第二次工業革命。結果項目沒有談成，他倒是發現了美國的互聯網，這個人悟性了得，回來就搞「中國黃頁」。他很自信，儘管沒有幾個人相信他，所以馬雲也是很快從第二次工業革命直接進入第三次工業革命。

中國的第三次工業革命幾乎與第二次工業革命同時爆發。如果我們以中國首次獲准接入互聯網的一九九四年為起點來算的話，到現在還沒有結束。以資訊化和通信產業為代表的這場工業革命在中國進展神速，中國起初是追跑，然後是並跑，最後在部份領域中開始領跑，到今天應該說已經成為第三次工業革命的佼佼者。我們每一個人可以說都是這場革命的見證者，大家可以回憶一下自己使用的手機品牌的變化，從愛立信（Ericsson）、諾基亞（Nokia），到三星（Samsung）、蘋果（Apple），再到今天的華為等許多中國品牌，這背後反映的是中國人在這場工業革命中，從2G到5G，一路從追趕到超越的見證。大家知道，二十世紀九〇年代初，世界數位通信進入了2G時代，歐洲是GSM標準而美國是CDMA標準，歐美之間的對決，中國只能旁觀，設備是愛立信的。從3G開始，中國人參與了標準制定，提出了TD—SCDMA，後來與歐洲主導的WCDMA、美國主導的CDMA 2000並列為三大國際標準。當時中國人做中國標準很有爭議，產業鏈也不成熟，多數國內外廠家也不願意用。最後如果我沒有記錯的話，是中國移動拿了牌照，帶頭使用。當時很多人還不理解，說用歐美標準挺好的，為什麼要把錢浪費在制定自己的標準上。現在中國人都懂了，標準競爭才是最重要的競爭。對於中國話語同樣如此，中國話語就是在確定中國的政治標準，西方一直以為它可以壟斷政治標準，我們在這裡堅定地說：「NO！」

好在最終在這場行動通信的標準之爭中，中國堅持下來了，到4G時代，中國信息產業部發4G牌照的時候，中國三大運營商拿到的都是中國的TD—LTE牌照，這是國家對中國佔有話語權的TD標準的重要支持，這背後反映的是中國技術和標準走向成熟，是中國擁有世界最大的行動通信市場。到了 5G 時代，中國的華為公司就開始領跑了。

現在，以大數據、人工智慧、量子通信為代表的第四次工業革命正在發生，正在改變整個人類社會的運轉方式。應該說，中國已經超越歐洲，進入了第四次工業革命的「第一方陣」。中國現在在智慧手機、行動支付、微信革命、網購、外賣平台等方面在世界上都處於領先的地位，這些第三次工業革命的產品，實際上已經愈來愈多地融入了許多第四次工業革命的元素，特別是大數據和人工智慧，這場革命正在改變中國和世界。對於普通中國人來說，這場革命給人最深的印象就是「整個中國連起來了，整個中國快起來了，整個世界連起來了」，還有就是「一部手機，全部搞定」，世界上只有中國一個國家率先做到了。

那麼為什麼中國能夠在一代人的時間裡實現「集四次工業革命為一體」的崛起呢？這是一個大題目，這裡簡單地講三點。第一，中華人民共和國前三十年打下的基礎，包括土地改革、普及教育、婦女解放等，包括獨立的國防體系、初步的工業體系和科技體系等。第二，民本主義導向的改革開放，學習別人的一切長處，只要有利於改善人民生活水準，我們就去試驗，就去做，但絕不盲從。第三，中國的歷任最高領導人都高度重視科技，重視科技對經濟和社會發展的引領作用，中國領導人的戰略眼光和前瞻意識使中國抓住了一次又一次跨越式發展的機遇，下面要講的「一帶一路」也是如此。

「一帶一路」：機遇和未來

「一帶一路」國際合作高峰論壇於二〇一九年四月在北京舉行。二〇一九年兩會期間，中國外長王毅舉行了記者會，有一段很精彩的話。他說，「美國有一些人想和中國脫鈎。而想和中國脫鈎，就是和機遇脫鈎，就是和未來脫鈎，就是從某種意義上和世界脫鈎」。我認為這段話說出了中國自信。實際上，現在世界上公開懷疑甚至詆毀「一帶一路」的主要是一些西方國家和受他們影響的媒體，我想這段話也可以引申一下，西方大國如果繼續排斥「一帶一路」，那也是與機遇脫鈎，與未來脫鈎，如果與機遇和未來都脫鈎了，那麼也就與世界未來脫鈎了。反過來也一樣，任何國家，包括中國，抓住了「一帶一路」，就抓住了機遇、抓住了未來，這也就贏得了世界。

「一帶一路」倡議是中國國家主席習近平於二〇一三年提出的，「一帶」指的是「絲綢之路經濟帶」，「一路」指的是「二十一世紀海上絲綢之路」。習近平把「一帶一路」比喻成中國這隻大鵬插上了兩隻翅膀，建設好了，大鵬就可以飛得更高、更遠。這是中國進入新時代後對中國整個開放空間佈局的一個長遠的統籌考慮。中國模式的特點是，一旦認定，馬上就行動起來，所以在不到六年的時間內，「一帶一路」已經成為當今世界規模最大的合作平台，也是最受歡迎的公共產品。截至二〇一九年三月，已經有一百二十三個國家、二十九個國際組織，同中方簽署了共建「一帶一路」合作文件。也就是說，世界上多數國家對中國提出的「一帶一路」倡議表示了信任和支持。這麼多國家的認同，就意味著發展的機遇。我記得那天王毅一口氣舉了八個例子來說明「一帶一路」給參加國帶來的合作共贏的機遇。我們可以看一下這些案例。

第一個案例，通過「一帶一路」合作，非洲東部有了第一條高速公路，這條高速公路建在衣索匹亞，是完全採用中國技術和標準建成的。第二個案例，馬爾地夫有了第一座跨海大橋，這是由大型國企中國交通建設集團建設的，技術難度很大，因為那塊海域被稱為「惡魔之海」，但中國人硬是把橋建成了。第三個案例，白羅斯第一次有了自己的汽車製造業，那是由中國民營企業吉利集團和白羅斯合資建設的，生產吉利的博越運動型多用途車（Sport Utility Vehicle, SUV）。白羅斯總統盧卡申科（Alexander Lukashenko）說：「感謝中國幫我們實現了汽車夢。」誰也沒有想到，「泥腿子」出身的農民企業家李書福，現在已經是德國奔馳母公司的最大股東，對他來說，這個在白羅斯的項目可能也只是小菜一碟。第四個案例，哈薩克第一次有了自己的出海通道，現在哈薩克生產的小麥可以直接通過連雲港發往東南亞，這是打通「路上絲綢之路」和「海上絲綢之路」的成功案例。第五個案例，東南亞正在施工建設高速鐵路，這包括印度尼西亞、泰國等國家的高鐵建設。第六個案例，在肯亞的蒙內鐵路建成通車，這為當地創造了將近五萬個工作崗位，拉動經濟增長一．五個百分點。第七個案例，在烏茲別克，建成了一條施工難度很高的隧道，使當地的百姓僅用十來分鐘就可以坐火車穿越崇山峻嶺。這是中鐵隧道集團做的項目，也是世界上難度最大的隧道項目之一，幾十公里的隧道要經過七個不同的地質斷層，歐美公司望而生畏，但中鐵集團硬是把它「啃」了下來，向世界展示了中國工程力量的品質。第八個案例，中歐班列成為亞歐大陸上距離最長的合作紐帶，短短幾年間，現在已經累積開行了一萬列。中歐班列主要有三條大通道：一條是西部通道，主要連接中國中西部，包括重慶、成都等大城市，經霍爾果斯出境；一條是中部通道，連接中國華北地區，經二連浩特出境；另外一條是東部通道，連接東南部沿海地區，包括從世界最大的小商品集散地義烏，經滿洲里開往歐洲。

我們現在談「一帶一路」講我們給別人的幫助講得比較多，實際上我們也應該適當講講「一帶一路」給我們的企業帶來的利益。「一帶一路」之所以廣受歡迎，是因為我們奉行的原則是「共商、共建、共享」，而且中國模式的做法是政府搭台，企業唱戲，主要驅動力是市場。只要堅持這一條，不用擔心中國當冤大頭，企業家會根據市場經濟作出自己的判斷。中國現在已經建立起八十多個不同類型的工業園區，這是一個比較成熟的方法，許多都採用中國企業熟悉的「園區＋物流＋企業＋住區」的方法，園區提供法律、物流等平台服務，吸引了很多中國企業，也吸引了很多其他國家的企業。中國很多項目都具有強烈的示範效應和良好的口碑，有了這些，中國企業的合同就不斷，西方之所以對中國「一帶一路」耿耿於懷，很大程度上就是妒忌。西方指責中國有幾個說法，一個是中國給別國貸款，造成了所謂的「債務陷阱」，但中國貸款和西方貸款最大的不同在於，中國貸款大部份是建設性貸款，產生了許多優質資產。還有一個指責是中國在搞「新殖民主義」，這個在非洲多數國家沒有人相信。中國每兩年舉行一次中非合作論壇，參加這個論壇的非洲國家元首和政府領導人，比參加非洲聯盟自己高峰會的人還要多。馬來西亞總理馬哈地被西方看作是對「一帶一路」持一定疑慮的領導人，最近《南華早報》記者採訪他，他說：「我們同中國做鄰居有兩千年了，但他們從未試圖征服我們。歐洲人一五〇九年來到東南亞，兩年就佔領了馬來西亞。」至於西方聲稱的「債務陷阱」問題，馬哈地認為「中國人本質上是非常友好的商人」，而那些國家是否從中國借入資金，是他們自己的決定。馬來西亞也會自己做自己的決定。記者又問他，如果只能在美國和中國之間做一個選擇，他會如何選，馬哈地說：「目前我認為，美國做事情非常反覆無常。這時候，我們得接受，中國與我們很近，是一個巨大的市場。我們想從中國增長的財富中獲益。」

今天美國還在拚命阻攔「一帶一路」倡議，但西方的人心已經散了，隊伍不好帶了。義大利不顧美國的反對，不久前與中國簽署了關於共同推進「一帶一路」建設的諒解備忘錄，義大利是七大工業國組織（G7）中率先和中國簽署這個協議的國家。此外，中國倡議成立了亞洲基礎設施投資銀行，美國叫它的盟友都不要加入，結果英國帶頭加入，幾乎所有的歐洲國家都加入了，沒有加入的是美國、日本、澳大利亞等少數幾個國家，但現在這些國家中也有人在探索是否能夠加入。

下面我來談談未來。為什麼我們對「一帶一路」的未來比較自信？其中一個重要原因是中國是一個「文明型國家」，中國崛起是一個「文明型國家」的崛起。二〇一九年三月，英國《金融時報》（*Financial Times*）的主筆拉赫曼（Gideon Rachman）寫了一篇評論文章，標題就是〈文明型國家正在崛起〉（China, India and the Rise of the "Civilisation State"），他讀過我寫的《中國震撼：一個「文明型國家」的崛起》（*China Wave: The Rise of A Civilizational State*）這本書的英文版，我們有過多次長時間的交談。我老說，中國人要自信；中國學者要自信，要用中國概念和中國話語影響這個世界，影響西方。當然，他把我們的「文明型國家」概念泛化了。他是這樣說的，西方過去一直宣傳「普世價值」，但現在中國說自己是一個文明型國家，印度也說自己是一個文明型國家，俄羅斯說自己是一個獨特的文明，土耳其也說自己是一個獨特的文明，甚至連支持川普的美國保守主義學者也說美國是一個獨特的文明。應該說，拉赫曼敏銳地注意到了這個現象，也注意到了世界文化多樣化的事實。這對我們進行「文明型國家」的研究也很有啟發。我歸納過「文明型國家」的「四超」特徵，即超大型的人口規模、超廣闊的疆域國土、超悠久的歷史傳統、超深厚的文化積澱，現在簡單剖析一下「四超」與「一帶一路」未來的關係。

首先，超大型的人口規模。中國的人口大約是一百個歐洲中等國家之和，中國每年培養的工程師數量超過美國、日本、德國的總和，隨著中國「一帶一路」的迅速擴展，每天都有至少上千名中國的工程師在飛往世界各地。高素質的工程師團隊和高素質的勞動力大軍使中國得以形成全球最齊全的產業品種和最完整的產業鏈。短短四十年，中國已經形成了世界最大的中產階層，向世界輸出最多的遊客，消費能力遠遠高於西方的遊客。但中國人熱愛儲蓄的文化還沒有完全改變，這使中國仍然保持了全球最大的人民幣儲蓄和外匯儲備，中國也迅速成為最大的對外投資國之一。二〇一八年中國的國內消費規模已接近六兆美元，這還是按照美元官方匯率計算的。如果按照購買力平價計算，消費市場更大。換言之，中國已經是世界最大的消費市場。這一切為「一帶一路」提供了最重要的、超級規模的人才、商品、資金和市場條件，而且這些條件隨著「一帶一路」的深入發展，在相當長的時間內只會愈來愈好。

其次，超廣闊的疆域國土，意味著中國具有超強的地緣文明的輻射力。中國既是大陸國家，又是海洋國家。自十五至十六世紀歐洲所謂的「地理大發現」以來，西方力量上升，海洋文明和海權的重要性壓倒了大陸文明和陸權。以大陸文明為特徵的古代絲綢之路走衰直至消失。迄今為止，全球產業鏈幾乎都是沿著海岸線配置，導致了內陸國家和地區的普遍衰落。現在以「一帶一路」創舉為載體，推動互聯互通和各項要素流動，中國內陸地區和許多內陸國家從商貿開放的後方一躍成為前沿。例如，歐亞班列使中國的新疆、四川、重慶和河南鄭州乃至整個中亞地區和中東歐板塊都成了世界商貿開放的前沿。在這個意義上，「一帶一路」正在反轉過去四五百年所形成的海洋文明對大陸文明的主導。

如果說從「地理大發現」開始的海上文明影響了世界四五百年，帶來了整個西方世界的崛起，那麼「一帶一路」創舉正開啟一個海、陸文明再平衡的進程，它可能為很多國家和地區帶來大量的發展機遇和長遠的增長期。在一個更廣的意義上，「一帶一路」可能推動建構一種新的地緣文明，即超越傳統西方地緣政治的零和邏輯，不是以鄰為壑，而是合作共贏。當然，這需要一個長期互利合作的過程才能完成。

超悠久的歷史傳統意味著中國有極為豐富的傳統資源來塑造新型的全球化。比方說，與西方歷史上近千年的宗教戰爭和衝突不同，中國歷史上鮮有宗教戰爭，儒、釋、道形成了兼容並蓄的關係。中國宗教有非政治化的偉大傳承，這些都為今天的全球治理，處理不同文明關係，處理宗教極端主義提供了寶貴的傳統資源。這也意味著中國人對於其他傳統和民族更為尊重，中國也因此而可能為世界提供更為中性的公共產品，在國際事務中也更能主持公道。

這在中國與非洲的關係中得到了很好的體現。過去中國與非洲國家之間的航空聯繫，大都要經過歐洲國家中轉。你從西非的加納去東非的肯亞，要到倫敦轉機，這是歐洲殖民主義體系以自我為中心所遺留下來的非洲航空秩序，但中國正在幫助非洲國家內部建設現代交通網，包括高速公路網、鐵路網和區域航空網。西方媒體散佈的「中國正在非洲搞殖民主義」的謠言也因此而不攻自破。

超豐富的文化積澱。中國傳統文化與中國模式交織所形成的許多中國理念和實踐，如民本主義、合作共贏、協商民主等已經成為引領「一帶一路」的核心理念。民本主義意味著「一帶一路」高度重視改善民生，政策要落實到民生方方面面的改善，「一帶一路」所提倡的「要致富，先修路」就是中國民本主義理念和實踐的產物。「合作共贏」的背後是中國文化中「推己及人」、「同舟共濟」、「己欲立而立人，己欲達而達人」的傳承，而「一帶一路」所堅持的「共商、共建、共享」原則堪稱新型國際關係的黃金法則，近乎完美地體現了中國人信奉的「協商民主」理念和實踐。

二〇一九年一月，德國總理梅克爾（Angela Merkel）在達沃斯（Davos Forum）做了演講，當時我在現場，她已經或多或少準備離開政治舞台，所以她的講話也愈來愈直白。她當時說，中國已經崛起，我們西方要正視這個事實，要在國際治理的體制安排中，如世界銀行和國際貨幣基金組織的改革中，讓中國發揮更大的作用，但我們在這方面走得太慢，所以中國人就決定自己開始幹了，他們成立了亞洲基礎設施投資銀行、絲路基金，他們大規模地推廣「一帶一路」，等等。當然，這是她的一家之言，但也從另一個角度提出了國際治理體系需要與時俱進。舊的體系需要改革，否則無法適應中國和整個非西方板塊的崛起。比方說，開發中國家對基礎設施建設有著巨大的需求，但以西方為主導的國際秩序卻遲遲不予以回應，而中國順勢而動，切中時弊，推出「一帶一路」倡議，一下子就得到了多數開發中國家的響應。

這也使我想起了一九八七年鄧小平會見坦尚尼亞前總統、南方委員會主席尼雷爾（Julius Nyerere）所說的話，當時我是翻譯，鄧小平說，「你們南方委員會要處理的事情，就是南北問題還有南南問題。人類要發展，不解決南北問題不行，現在的趨勢是富的愈來愈富，窮的愈來愈窮。五分之一愈來愈富，五分之四愈來愈窮。不解決這樣的問題，人類就沒有進步。發展中國家不擺脫貧困，發達國家要發展也會遇到障礙。解決的辦法是南南之間發展合作，加強南北對話」。這番話今天聽來仍然振聾發聵。也就是說，開發中國家發展起來了，對西方也有好處。但西方在全世界玩贏者通吃的遊戲早已上癮了，要改邪歸正，談何容易。但該說的話一定要說，該講的理一定要講，而且中國人這麼說，也這麼做。中國人相信，最終一定是得道多助，失道寡助。隨著時間的推移，崛起的中國今天有實力自己帶頭這樣做，結果是中國通過合作共贏的「一帶一路」倡議帶頭推動「共商、共建、共享」的新型全球化，許多西方國家一下子不知所措，全面地不適應。但隨著時間的推移，形勢比人強，一些西方國家也已開始意識到有必要與中國合作，共建「一帶一路」。

一出國，就愛國

二〇一四年，我有一個演講，題目叫「中國人，你要自信」。我當時講了一個故事。一次，我在上海一所大學裡做演講。講完之後與聽眾互動，有人提了個問題說，張老師啊，你的演講給人感覺好像中國人都生活得很幸福，但是現在很多人要移民，你能不能勸他們不要移民，留在中國。下面一些聽眾也笑了，覺得這是很刁鑽的問題。我說這個問題問得好，而且問對人了，我認識的海外華人移民太多了，我說我不做這樣的傻事情，我鼓勵他移民。我做過小小的研究，中國人出國之後，一出國，就愛國，這個機率最保守的估計是百分之七十，我說這個效果比勸他們不要移民還要好。如果你想移民紐約，我給你支個招，因為我對紐約非常熟悉，可能不亞於上海。你可以從上海的浦東機場或者虹橋機場出發，然後降落到紐約的任何一個機場，現在跟上海聯繫比較多的是紐瓦克機場（Newark Liberty International Airport），你就能感受到什麼叫作從「第一世界」的飛機場到「第三世界」的飛機場，美國的基礎設施絕大部份都是二十世紀五〇年代、六〇年代建的，怎麼和中國的比？我還跟他開了一個玩笑，但是是一個真實的故事。我說如果你有膽量的話，你嘗試一下，看看敢不敢在紐瓦克這個鎮住一夜，嘗試一下晚上敢不敢出去，我住過，確實很害怕。我有個朋友在紐瓦克的醫學院做過博士後，我問他這醫學院到底質量怎麼樣？他說不錯。我又問哪個專業最好？他說槍傷科。你只要對美國這個國家有點兒常識性的瞭解，就知道，這個國家內部還分「第三世界」、「第二世界」、「第一世界」，如果你不幸地墜入美國的「第三世界」，那對不起，你的命運很可能是非常悽慘的。如果你像我們很多留學生那樣通過自己的努力進入美國的「第二世界」，成為一個中產階級，你可以問問他們，過去二十多年，實際收入有沒有增加？如果買了房子，房子有沒有增值？對未來在美國的退休生活有沒有信心？我不是說美國什麼都不好，美國在有些方面是不錯的，但我們要平視美國，既要看到美國的長處，也要看到它的短處。

如果今天還要讓我再做一個類似主題的演講，我可能會說，「一出國，就愛國」，現在這個比例應該比五年前更高了，至少有百分之八十，因為我們許多「九〇後」、「九五後」都加入了「出國看一看」的大軍。「九〇後」、「九五後」大概是中國最自信的第一代，他們沒有貧窮中國的記憶。他們還是「手機的一代」，他們一出國，就會發現，世界上只有中國一個國家做到了「一部手機、全部搞定」。他們今天抵達美國，會發現美國是個「五沒有」的國家：沒有高鐵、沒有微信、沒有支付寶、沒有共享單車、沒有安全感。而這一切在中國都已經是標配了，這背後反映的就是中國全方位的迅速崛起和美國的相對衰落。

這使我想起了四年前，上海有一個研究機構請我做一個講座。他們正在做一個關於上海國際大都市文化建設的長期規劃，知道我走過世界一百多個國家，想聽聽我的意見。我很樂意，然後我就說，能不能讓我看一些其他學者在這方面已經做的研究。我看了兩份材料，但看了之後我的總體感覺是，我們可能過份謙虛了。因為我看到的研究材料，都是說上海跟紐約的差距有多少，跟倫敦差距有多少，跟巴黎差距有多少。我說，我在這三個國際大都市都生活過，我自己感覺不完全是這樣的。上海在很多地方其實已經比人家做得好了，為什麼我們不能更加實事求是一點兒呢？這樣你可以更客觀地看待你的競爭對手，看到人家的長處，也看到我們的長處，所以我就提了個建議，我說能不能以我個人為例，講講我在國外長期生活的時候最懷念上海什麼，這些令人懷念的東西可能就是上海的比較優勢。這個比較優勢非常重要。我覺得一個城市文化建設規劃，實際上首先要考慮這個地方、地區人民本身的文化偏好。畢竟我們城市的未來首先是要讓本地的百姓，讓中國的百姓感到高興和幸福。所以我進行了一些橫向比較。當然，這裡只是用上海作為一個例子提供一種思路，我們也可以用成都、用南京、用自己的家鄉，來進行對比。目的就是用中國人的眼光和視角來看這個世界，特別是看西方世界，從而獲得更多的文化自信和道路自信。

先談硬體。上海全面領先這些城市——紐約、巴黎、倫敦，在硬體方面是明顯地超過，比如機場、碼頭、地鐵、高鐵、商業設施等，都是如此。

在軟體的關鍵指標方面，上海也是全面超越紐約，與巴黎、倫敦也有得一比。上海的中等家庭淨資產水準、人均壽命、嬰兒死亡率等都比紐約的數據要好，其中人均壽命上海比紐約高出四歲。這些指標與巴黎和倫敦比，多數也不相上下，上海的社會治安比它們都好。從涉及一個國家的文化偏好的角度，我們還可以比較如下這些方面。

一是餐飲文化。我說「一出國，就愛國」，很大程度上是因為中國人的味蕾實在是太發達、太豐富了，多數國人到國外一下就感覺到這個差異，國外吃的東西怎麼能和中國比，落後至少一千年吧。我們這麼多留學生一出國，就開始懷念自己大學的餐廳，本來在國內念大學的時候還對食堂說三道四，出國之後就在想「哇，什麼時候能夠這樣吃一頓」。中國是「百國之和」的國家，歷史上成百上千個國家慢慢整合起來，光是主要菜系就有八個，其他地方菜系更是數不勝數。我在歐洲長期生活過，歐洲最好的菜系是法國菜系，但中國八大菜系中拿出任何一個菜系，可能都比它豐富多彩。因為法國菜是法蘭西民族一個民族的菜系，而中國作為「百國之和」的國家，它的菜系都是由歷史上許多菜系混合而來的，這種豐富性、多樣性、精彩性，一般文化是沒有的。

跨國城市比較有一個指標是人均餐館的數目，人均餐館數目愈多，這個城市的餐飲指數就愈高。但我認為光這樣比是不行的，應該加入中國人的文化偏好。比方說，不能光是比較餐館的數目，還要比類型，因為中國人不習慣天天吃熱狗、漢堡、麥當勞，中國人食不厭精，這也是一種文化傳承，所以要比較餐館種類的豐富性，這個維度對於中國人來說，太重要了。

另外，中國人親朋好友聚餐，喜歡有個包廂。在中國，餐館設包廂是普遍的做法，稍好一點兒的餐館都有包廂，但國外設包廂的餐館非常少，大家都坐在大堂裡就餐，大概連中國的百分之一都不到。所以說，如果我們比較城市的餐飲水準，把餐餚的豐富性和餐館的包廂數也放進去，餐飲指數就能夠反映中國人的文化偏好了。

我只是用餐飲作為一個例子來說明，在進行任何比較之前，在標準設計上，要盡可能考慮一個民族的文化偏好才有意義。我們自己制訂城市規劃的時候，更要全面反映一個地方的文化偏好，也就是，要以人民喜歡不喜歡、滿意不滿意為標準。

二是家庭文化，中國人為家庭所做的付出遠遠超過西方人。我幾年前曾參加過一個內部座談會，討論中國電影如何走出去。當時有一位從事電影國際傳播工作的官員說，中國電影走不出去，為什麼？因為老外想看的中國電影就是功夫片、武打片，其他片子他們沒有興趣，我說不可能啊！我記得二十年前我在紐約就看過一個電影，叫《喜福會》。它講的故事非常簡單，就是四個母親跟她們的女兒講自己年輕時候的往事，三四十年前的往事，女兒聽得入神，然後每天都講這個故事，電影內容就這樣展開了。我邊上的美國老太太看了以後流淚，她說這種場景在美國早就見不到了。這背後就是西方社會，特別像美國這樣的國家，如果用中國人的標準看它的社會結構，已經屬於社會解體的結構。我以二〇一四年的數據為例，在美國的家庭結構中，傳統家庭只佔整個家庭總數的百分之十九，所謂傳統家庭是父母和孩子。其他百分之八十左右的家庭叫非傳統家庭，非傳統家庭包括不結婚同居的、沒有孩子的、同性戀的，還有大孩子生小孩子不知道父親是誰的家庭，有研究認為這種家庭缺少父愛，是美國犯罪率高的一個原因。而在中國，傳統家庭還是主流。我們把中國人普普通通的日常生活拍成好的影視作品，可以打動好多老外。

三是市井文化，也就是普通老百姓對生活的熱愛。中國國家主席習近平主政後第一次見記者就說：「我們的人民熱愛生活……人民對美好生活的嚮往，就是我們的奮鬥目標。」中國人想把每天平平常常的生活過得有滋有味，在上海叫弄堂文化，在北京叫胡同文化，下棋的、打牌的、泡茶的、練太極拳的、早鍛鍊的、晚上跳廣場舞的，等等，這種生機勃勃的市井生活，你在國外是看不到的。比方說，把中國的廣場舞拍攝出來，一定會觸動、感動很多老外。我碰到很多老外看到中國的婦女跳廣場舞就激動，說五十來歲已經退休了，生活這麼豐富多彩，在國外得工作到六七十歲。很多婦女在家中還掌握著財權，「大媽」這個詞現在已經進入英文的金融詞彙了。為什麼呢？就是前兩年華爾街分析師認為國際黃金價格要跌，中國大媽說不會，她們認為金價要漲，一起買黃金，金價就漲了。這背後實際反映的是中國的婦女解放的程度，是世界上少有的。

四是商業文化，上海的商業大概是世界最便利的，市區步行五分鐘就有二十四小時的便利店，現在還有淘寶、京東等網購。中國現在每天的快遞包裹數量超過世界其他主要國家快遞包裹數量的總和。這是一場「線上、線下」的消費革命。在國外生活過的人都知道，歐洲多數商店週末要麼關門，要麼縮短營業時間，中國人覺得很不習慣，中國人覺得商店就應該開，每天都開，至少開到晚上十點鐘。網購更是希望快遞明天就送達，但這在全世界都是奢侈，在歐洲送貨是論週算的，一個星期、兩個星期、三個星期。週末不送，節假日不送，而且費用很貴。如果你要加快速度，那還要增加費用，一般是加倍。中國許多「剁手黨」每天都要下單，可能一週下的單比老外一年下的單都多。碰到海外的中國留學生，你可以以年為單位來問他們，你去年網購了幾次，他會告訴你，三次、五次，多數可能不超過十次。這樣的問題在中國怎麼能以年為單位來問，以週為單位可能還可以，而對「剁手黨」，要以天甚至小時為單位來問他們的。

五是與網購有關的一個大背景，這就是中國移動互聯網的迅猛發展。在移動互聯網方面，中國領先全球，而且不是一般的領先，是甩人家幾條街。「一部手機，全部搞定」，訂機票、飯店也好，聊天也好，玩遊戲也好，公司的業務也好，付款也好，各種各樣的功能都可以在手機上實現，非常方便。這麼多的功能都整合在微信等平台上，世界上其他國家還做不到。今天中國的手機支付數量已經是美國的七十倍。「九〇後」一出國就愛國，與手機文化有關。一出國，你在中國可以享受到的手機便利大大減少。一位台灣的朋友習慣了大陸的手機便利，說回到台灣好像回到了原始社會。

中國移動互聯網的迅猛發展，其實也與中國文化有關，一個原因是中國人本來就有很強的圈子文化，中國人可以隨時隨地拉一個群，拉幾個群，西方文化會認為你拉群，要徵得他的同意，否則就屬於侵犯他個人的隱私權。中國人在這一類問題上開放得多。另外一個原因就是中國人的文字。中國的文字比其他國家的文字更為凝練，在小小的手機螢幕裡，中文能夠處理的訊息要遠遠多於西方文字⋯⋯

最後，我還要提一下紅色文化。中華人民共和國是打仗打出來的，所以紅色文化是很重要的文化傳統。我有一個很好的朋友，是台灣的一位資深學者，他研究國共關係，研究為什麼一九四九年國民黨兵敗如山倒。他跟我半開玩笑、半認真地說，我搞清楚了，國共最大的差別是你們共產黨有紅歌。他說我們沒有，國民黨的歌都是軟綿綿的，國民黨黨歌也不提神。現代社會裡，精神低迷的人比較多。我在國外教書的時候，有的外國學生會告訴我，他有時要靠吃藥來提升精神。我心裡想，這樣的人要是到中國，和大家一起唱唱紅歌，也許就治好了。那些歌曲曾激勵過整個民族去抗爭。紅歌背後是一個民族的陽剛之氣。

我自己研究中國發展模式，有人問我中國模式能不能照搬，我說很難，也沒有必要，因為中華人民共和國是打仗打出來的，我們有獨立的國防體系，獨立的科技體系，獨立的政治體系，我們是世界上為數不多可以對美國說「NO！」的國家。不具備這些，就無法擁有中國模式。

我走遍全世界，接觸過各種文化，尊重各種文化之間的差異，也認為不同文化之間應該互相借鑑，互相學習。但中國人有幾個文化特質與其他民族是明顯不一樣的。一是中國人的勤勞，中國人到哪裡都是最勤勞的。我們現在為什麼現代化發展速度這麼快，因為中國人比人家勤勞。只有中國有這麼勤勞的農民工，這麼勤勞的快遞小哥，換一個國家的人，你給他錢，他都不幹。

二是向上。不管到哪裡，中國人總想著改變自己的命運，很多民族沒有這個特質，中國的崛起也離不開中國人的這種特質。

三是總體的平和，比方說，晚上突然停電了，紐約停電，巴黎停電，上海也停電，沒有任何警察干預，治安情況一定是上海最好，紐約最差，巴黎其次，這就是文化。中國是世界上治安最好的國家，可能都不用加「之一」。大家有沒有聽說過你在美國可以吃完飯散散步？飯後散步在美國多數城市都是奢侈。比方說，紐約市除了一些重兵保護的旅遊區，像時代廣場等，其他地方你是不能隨便散步的。巴黎是個好城市，但現在治安非常差。當地華人說現在就兩種華人：一種是被搶劫過的，一種是將要被搶劫的。紐約市長在二〇一八年十月說過，過去二十五年紐約第一次實現了連續一個長週末從週五到週日沒有槍擊案，但到第四天又有了。相比之下，中國這種安全感，不僅僅有我們警察的功勞，不僅僅是高科技的功勞，而且還因為我們這個民族在文化上崇尚和平，不崇尚暴力。在中國，你可以開車到任何一個村莊，你都感覺是安全的，你可以和當地的老百姓交流，你可以買當地的土特產，但這在全世界其他地方幾乎都是奢侈。安全與和平像空氣一樣，你生活在其中感覺不出來，但一旦出國，你就開始感覺到了，良好的秩序、社會的安寧是多麼一種奢侈。總之，你在這個世界上走的地方愈多，你就會愈熱愛這個國家，享受這個國家的文化。

第二章

中國精神：「文明型國家」的底氣

盲人摸象讀不懂中國

讀懂中國不容易，因為這個國家太大。中國是一個超大型的國家，如果按照人口來算的話，中國大概是一百個歐洲普通國家的規模，歐洲國家平均人口是一千四百萬，而中國是十四億。所以解讀中國往往會出現「盲人摸象」的問題：每個人摸到的都是象的一部份，他摸到象的耳朵，就說象的形狀像一個大扇子；他摸到象鼻子，就說象是一根彎彎的圓筒。從外界看中國，有盲人摸象的問題，其實中國人看自己的國家，也有這個問題，你看到的可能永遠是這個國家的一部份，而不是全部。如何才能解決這個問題，我和大家一起探討一下。

我們現在對於中國一般是這樣表述的——我們經濟總量很大，經過四十年改革開放，中國現在是名副其實的世界第二，僅次於美國，近三倍於日本；但是我們一定還要再加上一句：我們的人均GDP還比較低，排在世界第七十位左右。一會兒是世界第二，一會兒是世界第七十位，對於學過辯證法的中國人，這是可以理解的，但老外大都沒有學過辯證法，總認為不能一下子全球第二，一下子又全球第七十，你的彈性空間有點太大了。

這也確實是一個問題。對於中國這麼一個超大型的國家，究竟如何從宏觀上讀懂，真不容易。打個比方，這有點像天氣預報，你說新加坡今天平均氣溫攝氏三十五度，誰都相信，因為這個國家非常小，面積是北京市的二十三分之一，上海的九分之一。但你要預測中華人民共和國今天平均氣溫攝氏三十五度，誰都找不到感覺，因為國家太大了，東北冰封雪凍之時，海南島還是烈日炎炎。

再打一個比方。現在大家都說中國房價貴，但突然有個人說中國房價不貴啊，二〇一六年全國城鎮平均房價每平方公尺不到八〇〇〇元，你說他講得對還是錯？所以究竟怎麼讀懂中國，我覺得還真需要在指標體系上做一點兒創新。我們看體育比賽的時候，哪怕是一些規則簡單的運動，比方說舉重，也分重量級、輕量級等不同的級別。國與國之間的比較，複雜性比舉重不知要高多少倍，怎麼可能簡單地用人均 GDP 這一粗糙的指標解釋清楚呢？

我們現在普遍使用的 GDP 總量，是根據我們的人民幣和美元官方匯率計算出來的。如果你換一個叫作「購買力平價」的計算方法來進行比較和評價，也就是算算某種貨幣事實上能夠買到多少東西，算算老百姓用這種貨幣能把多少經常用的商品放在籃子裡，結論就與人均 GDP 之間的比較相差很大。英國有位著名的經濟學家叫安格斯．麥迪森（Angus Maddison），他做長時段的、上千年的購買力平價的比較研究，得出了一些很有意思的結論。比方說，我們按官方匯率計算，中國經濟規模超過日本是二〇一〇年。但是他根據購買力平價計算，一九九二年中國的經濟規模就已經超過日本了。麥迪森已經去世了，他去世前就預測過，他說根據購買力平價，二〇一五年中國的經濟規模將超過美國。結果在二〇一四年的時候，根據國際貨幣基金組織的統計，依購買力平價計算，中國的經濟規模已經超過了美國。所以除了官方匯率的計算方法之外，還有購買力平價的計算方法。其實，世界上沒有十全十美的統計方法，但我個人認為，相對而言，購買力平價的計算方法比官方匯率計算的方法可能更接近真相。

「中國經濟總量比較高，但人均 GDP 還比較低」，這種解讀方法，也遇到另外一個挑戰，那就是中國的社會指標在國際上的排名總體上遠遠高於中國人均ＧＤＰ水準的排名。

我多次提到，當下中國的中等家庭淨資產，是可以和美國、歐洲比一比的。實際上中國發達板塊的中等家庭淨資產，已經超過美國的中等水準了。整個美國家庭的中等淨資產和美國中產階級家庭中等淨資產均在二〇〇七年處在最高值，然後二〇〇八年由於金融危機而一路走低，到二〇一三年的時候，美國中產階級的家庭中等淨資產是十二萬兩千美元，整個美國家庭的中等淨資產當然更低，也就七萬兩千美元。如果我們說這兩個數字，一個是上限，一個是下限的話，那麼折成人民幣，相當於五十萬至八十四萬人民幣的區間，我認為中國的家庭淨資產中等水準是可以與之有一拚的。美國這個水準如果拿到中國的發達板塊進行比較，那恐怕有相當大的比例都屬於弱勢群體了。所以按照這種評價指標比較下來，結果就有了翻天覆地的變化。這些資料全都是公開的，而至今還有許多人不敢相信中國人可以比美國人富裕。其實哪怕不看這些指標，只要在美國生活過，就會知道，中國很多普通家庭比美國的普通家庭更為富裕。

我們還可以比較一下人均預期壽命。這也是一個非常重要的社會指標。北京、天津、上海、浙江，都是八十多歲，均超過美國，美國是七十九歲。北京、天津、上海、浙江這四個省級行政區，加在一起的人口是一億五千萬，這就是說中國有一億五千萬人的人均壽命已經超過美國了。吉林、遼寧、山東、江蘇，以及福建、廣東、海南，還有山西、陝西的人均預期壽命水準和美國相當，為七十七至八十歲。這兩部份加在一起是五億人，也就是說中國有五億人的人均預期壽命已經和美國相當，甚至超過美國。

還可以比較一下社會治安。對於這個指標，國際上有一個通用的數據，就是命案。中國的命案發生率，在二〇一七年是每十萬人〇．八一起，是世界最低之一，並且這個紀錄保持了四年。中國的命案發生率低於公認治安比較好的日本和瑞士，大大低於美國，美國的命案發生率幾乎是中國的六倍。

還有一個指標是民調，其中一個民調是統計民眾總體對國家的經濟、國家的狀況是否滿意。這個民調是由美國皮尤研究中心統計的，結果表明，中國不滿意度是百分之十一，美國是百分之六十四，其他國家，如希臘和法國不滿意度是百分之八十至百分之九十。我們還可以再看一個有一定權威性的國際民調，法國益普索於二〇一七年公佈了二十五個國家跨國民調結果，在被問及「你的國家是否走在正確的道路上」時，有百分之九十的中國人認為自己的國家走在正確的道路上，而美國為百分之三十四，法國為百分之十一。

我舉這些例子想說明什麼？就是說明我們需要解釋一個問題：為什麼按照官方匯率的計算中國人均GDP不高，但是我們的社會指標和百姓的滿意度總體還不錯？

我有幾種解釋。一種解釋是，這正好證明了我們制度的優越性。我可以簡單地比較紐約和上海以作為說明。這兩個城市我都非常熟悉。如果按照官方統計的人均GDP，紐約比上海至少要高四倍，但是實際在紐約生活的話，就會發現問題。上海的中等家庭淨資產比紐約家庭高，上海的人均預期壽命比紐約高，上海的社會治安比紐約好，並且多數上海人對自己城市的未來比紐約人樂觀。此外，上海街上開的車比紐約的好，上海人用的手機、家用電器也比紐約人的好。所以我們能得出結論，即使我們按照官方匯率計算人均GDP，上海在人均GDP只有紐約四分之一不到的情況下，實現了比紐約好得多的社會指標。這說明，中國特色社會主義制度是真的成功了。

當然，還可以有第二種解讀，那就是除了我們的制度優勢之外，恐怕GDP的計算方法是有問題的，或者說我們的方法與美國人採用的方法是不一樣的。很多美國人統計的東西我們沒有統計進去。中國住房自有率是世界最高之一，而國外GDP統計中很大一部份是房租。中國多數家庭都有自己的房子，進入GDP的只有物業費，房產本身哪怕升值了幾倍，只要沒有買賣，就不會進入統計。中國農村的許多經濟活動也是不進入統計範圍的。過去四十年，農民的房子從土房變磚房，變瓦房，變樓房，這當中很多的活動，包括勞務等，是沒有計算進GDP的。中國每個城市都有街頭小販等非正式經濟活動，我們是放水養魚，根本不計算這些經濟活動，而美國是全都計算的。像義大利，連販毒、賣淫都計算進去。中國現在新經濟的規模居世界第一，手機支付的交易規模是美國的七十倍，這一類經濟活動現在也沒有完全統計到GDP中去。除此之外，中國還有「規模以上企業」的概念，但西方一般不用這個概念。總之，我的基本判斷是，中國現在的統計方法可能低估了中國自己的經濟總量。

由此我聯想到一個更大的問題，那就是我們要認真思考如何「從西方指標體系中解放出來」。因為種種原因，我們現在社會科學研究採用的指標，幾乎都是西方學者創造的，而我們很多學者在使用的時候往往不假思索。靠這些西方指標，恐怕是會誤讀中國的。比方說，我們現在經常用基尼係數（Gini Coefficient）來衡量一個國家內部的貧富差距。但基尼係數能否準確地讀懂中國呢?西方通常把基尼係數〇·四作為貧富差距的警戒線，認為大於這一數值容易出現社會動盪。中國的基尼係數在〇·四七，所以不少學者推測中國要進入動盪期。但我們需要仔細看一下基尼係數的定義，我們會發現它計算的是貨幣化的收入，以中國相對弱勢的農民來說，他們貨幣化的收入不多，但他們事實上擁有土地，擁有房產，而這些都沒有進入基尼係數的計算中去，如果計算進去，就不一樣了。另外，中國是一個超大型的國家，我剛才講了，人口是一百個歐洲普通國家的規模，傳統定義的基尼係數對於計算中國這樣超大型人口的國家，究竟有多大意義？我們可以提出這個問題。而且即使我們採用基尼係數這個統計方法，但把人口規模縮小，比方說，分省來進行統計，就會發現在一個省的內部，基尼係數大都還在比較合理的區間。換言之，基尼係數的適用性可能與國家的規模有一定的關係。

還有一個指標是用出境人次來衡量國家開放度。我們現在的統計數據顯示，二〇一七年中國的出境遊人次是一億三千萬。出境人次的統計標準是現代國際法，以之來分境內、境外類型，但事實上歐洲大都是小國家，我們從北京飛到上海是一小時四十分鐘，這個時長在歐洲要飛過十來個國家了。所以如果用這樣的標準來看的話，那麼，凡是有能力乘高鐵、乘飛機的，都可以說是有出境能力的。

還有一個我們經常看到的說法，叫「中等收入陷阱」（Middle Income Trap）。這是世界銀行提出的一個觀點，我自己從來不用這個概念，因為它偏頗得厲害。世界銀行的報告裡說，現在全球僅有十三個經濟體越過了「中等收入陷阱」，變成了已開發經濟體。這個清單中居然有赤道幾內亞，赤道幾內亞十多年前人均 GDP 就超過北京、上海，是人均兩萬多美元，但這個國家的首都，十年前的時候，一半居民連自來水都沒有。只是因為這個國家突然發現了石油，這些石油由幾個家族控制著，引來了外國公司投資，從而一下子人均 GDP 就很高很高。其實這樣的國家離現代化還差得很遠很遠，而中國的發展水準早就超過了它。世界銀行報告中還提到一個超小型國家，叫模里西斯，是一個很小很小的島國，相當於中國的一個縣，這個國家也越過了所謂的「中等收入陷阱」。像這樣的國家靠一個旅遊業就可以把GDP撐起來，但如果由於某個突發事件，讓旅遊業受到打擊，它馬上就又變成開發中國家了。

所以跨國比較，要有「規模」概念，否則連讀懂中國的門恐怕都進不了。一個國家大到一定程度，大到人口等於一百個歐洲普通國家的地步，它就是一個超大型的國家，一個在很多方面與眾不同的國家，不能用如此簡陋的方法進行跨國比較。對用西方發明的這些指標得出來的結論，也要有所保留，換一個角度來思考才行。我們要進行指標體系的創新，唯有這樣才能讀懂中國。考慮到規模的話，像模里西斯這樣的小國，雖然它靠旅遊業就可以一下子人均GDP看起來比較高，但這樣的小國通常也是超級脆弱的。甚至連新加坡都很脆弱。一位新加坡政要曾對我說過，新加坡是如履薄冰的國家，雖然人均GDP很高，但要是來個像「九・一一」那樣的恐怖主義事件，新加坡恐怕就沒有了，它的經濟會被完全毀掉。所以大國有大國的難處，也有大國的優勢，我們是東方不亮西方亮，西方不亮東方亮，最終總會亮起來，這是中國發展和崛起的一個重要特點。

我記得復旦大學中國研究院的陳平教授曾經說過，世界銀行把大小完全不同、類型差別如此巨大的國家都放在一起進行比較，就好像把大象和跳蚤放在一起進行比較一樣，怎麼可能得出正確的結論？用中國人實事求是的標準看，世界銀行的這種研究是不嚴謹的。但即使退一萬步，我們就按照所謂「中等收入陷阱」的定義來進行衡量，中國的發達板塊早就超越了人均GDP一萬兩千美元，也就是說早就跨越了中等收入陷阱的「門坎」，中國的其他板塊只要向中國的發達板塊學習就可以了，沒有什麼可以害怕的。

把所謂「中等收入陷阱」單列出來，這個衡量方法本身也是有問題的。實際上，低收入有低收入的陷阱，中等收入有中等收入的陷阱，高收入有高收入的陷阱。過去數十年，西方話語創造了名目繁多的「陷阱」，如「中等收入陷阱」、「修昔底德陷阱」（Thucydides's Trap）、「塔西佗陷阱」（Tacitus Trap），等等，用中國道路的眼光來看，過去數十年全世界最大的陷阱其實就是兩個，即「民主原教旨主義陷阱」和「市場原教旨主義陷阱」。一個低收入國家或社會一旦陷入這兩個陷阱，大致結局就是走向混亂乃至戰亂和絕望，成為扶不起來的阿斗；一個中高收入國家或社會一旦陷入這兩個陷阱，基本上就是從希望走向失望，台灣就是這樣的情況；同樣，一個高收入國家或社會一旦陷入這兩個陷阱，基本上就會經歷失敗或走衰，今天歐洲很多國家和美國就是這樣。凡是在國家崛起過程中能克服這兩個陷阱的就基本成功了，中國就是一個很好的例子。

為了讀懂中國和世界，我們的人文社會科學學者一定要跳出西方話語。一個中國學人可以大有作為的時代正在到來。以政治學等社會科學為例，西方主流政治學者這麼多年來對中國的預測幾乎都是錯的，除了意識形態的偏見使然外，西方政治學等社會科學本身也存有大量缺陷。它們離真正的科學相距甚遠。西方主流政治學者沒有預測到蘇聯解體，沒有預測到中國崛起，沒有預測到川普上台；西方主流經濟學者沒有預測到二〇〇八年金融危機。西方社會科學套用自然科學的方法和數學模式，無法解決人類社會極端豐富性所帶來的挑戰。中國學界為西方學術和西方話語「打工」的時代已一去不復返，一個「破」字當頭，「立」在其中，解構西方話語、建構中國話語的時代已經來臨！

要讀懂中國崛起，我們要對中國有一個整體把握，否則就會犯盲人摸象的錯誤。我自己主要採用三個方法：一是看大數據，看比較權威的大型民調，而且要多個數據比對著看；二是要實地考察和研究，只是坐在書齋裡看數據，經常會錯得離譜；三是把中國分成板塊，看板塊和板塊之間的互動關係。這裡著重說一下第三點。如果粗粗劃分的話，中國由兩個板塊組成，一個是巨大的發達板塊，其硬體和軟體的關鍵指標，幾乎都達到甚至超過多數西方國家的水準，在許多方面都已超過美國；另一個是更大的新興經濟體板塊，這個板塊不是所謂一般開發中國家，因為只要實地考察過開發中國家，就會發現絕大部份開發中國家文盲人口佔總人口的百分之四十，而中國已經基本掃除青壯年文盲。開發中國家的人均預期壽命，非洲是五十多歲，印度是六十多歲，而中國農村都是七十歲以上，所以我們這個新興經濟板塊是一個充滿活力的板塊。過去十來年，中國這一板塊的總體增長速度高於發達板塊。特別重要的是，中國這兩大板塊之間形成了高度良性的互動，我叫作「1+1>2」。它不是我們有些人所說的，歐洲與非洲的關係，這麼講的人肯定沒有真正去過非洲。實際上，我們中西部地區這些年發展速度之快，超出了很多人的想像。

早在奧巴馬當總統的時候，我接受過《紐約時報》（*The New York Times*）的記者採訪，我說美國重返亞太的戰略肯定是錯誤的，不要把這個錢用在軍費上，中國不要和美國打仗，要打的話，美國也沒有贏的可能。關鍵是美國要把這個錢投入到改善基礎設施上。美國的基礎設施太落後了，真的要好好改進。我不是拿上海的標準這麼說，去我們內蒙古的呼和浩特看一看，去我們重慶看一看，你會感到震撼。

話說回來。實際我們在一個省的內部往往也有兩個板塊，一個是發達板塊，一個是迅速崛起的新興經濟板塊，這兩個板塊肯定也不是歐洲和非洲的關係。中國是一方有難、八方支援，互相幫助，互相提攜，有規模效應。如果發達板塊更多地代表了質量，那麼新興經濟板塊就更多地代表了數量，兩者一結合，便實現了良性互動，中國因此而崛起得非常快。西方老是用平均法，那是靜態的，再看中國兩個板塊的關係，這才是動態的，這種良性互動也意味著中國經濟的迴旋餘地非常大，中國發展的機遇比世界上任何國家都多。很多靜態地看是劣勢的情況，動態地看，其實都是我們的優勢。

總之，要讀懂中國，要有實事求是的精神和方法，許多研究要超前進行。中國現在到底發展到什麼階段，我們在指標體系方面，要進行大量的、原創性的工作，這樣才能真正做好。這將有助於我們對自己的國家、對外部世界有一個比較準確的整體把握，從而形成強大的定力。

一個「文明型國家」的崛起

我一直在想為什麼西方老是讀不懂中國，除了上節提到的原因，從根本上講，是他們的意識形態偏見和歐洲中心論的視角，使他們無法理解一個在數千年沒有中斷的文明基礎上形成的現代國家。大家可能還記得，二〇一六年年初的時候，德國時任總統高克（Joachim Gauck）在上海同濟大學做了個演講。高克原來是東德的一位持不同政見者，所以他在講話中反覆影射中國像東德，侵犯人權，等等。這種心態不少西方人都有，他們把中國看作一個「放大的東德」，正在等待一場「顏色革命」。我們和歐洲學者有不少交流，瞭解他們這種根深柢固的意識形態偏見，也經常指出他們的這種盲點和愚昧。我經常說，中國和東德之間有幾個差別。第一，中國是一個高度開放的國家，而東德當時是一個高度封閉的國家，中國今天是世界最大的貨物貿易國，每年出境遊人次達一億三千萬。第二，一些西方人還想當然地把中國大陸與台灣的關係比喻成東德和西德的關係，認為台灣代表了歷史發展的正確方向，以為大陸人羨慕台灣，甚至會像當年東德人湧向西德那樣。但我告訴他們，大陸與台灣的關係正好相反，如果一定要像一些西方人那樣把一切都政治化，那麼今天用腳投票的是台灣人。估計有五十萬台灣同胞在上海及周邊地區工作、學習、生活，在大陸生活、工作、學習的台灣同胞大約有兩百萬人——要知道台灣的人口也只有兩千三百多萬，不如上海人口多。其實，我們從來都不想把這樣的問題政治化，但西方許多人喜歡政治化，我們也只能奉陪了。我曾對台灣的前景做過不少預測，其中一個預測是台灣採用西方民主模式之後的發展趨勢是，從希望到失望，然後到更大的失望，如果沒有大陸的幫助，將走向絕望。過去二十來年台灣的演變，不就是這樣嗎？坦率地說，以台灣今天的制度，不要說與大陸競爭，連上海都將競爭不過。

第三，從中國國家特質的角度講，中國不是一個「放大的東德」，也不是一個普通的國家，而是一個「文明型國家」。中國的崛起不是一個普通國家的崛起，而是一個「文明型國家」的崛起。這個觀點是我八年前，也就是二〇一一年的時候正式提出的。那一年我出版了《中國震撼：

一個「文明型國家」的崛起》，在其中闡述了這個觀點，該書銷量過百萬，譯成近十種外文版本，海內外迴響總體很好。這也許從一個角度可以說明，許多人或多或少地認同「文明型國家」這個概念，或者說他們對這種解讀饒有興趣。

什麼是「文明型國家」呢？「文明型國家」指的是一個延綿不斷長達數千年的古老文明與一個超大型現代國家幾乎完全重合的國家，這種特質決定了她的與眾不同，我們甚至可以說，這種特質，就像基因那樣，決定了中國今天的制度安排、道路選擇和行為方式。我們都知道世界「四大古代文明」，但除了中國，另外三個的歷史由於種種原因都中斷了。今天的埃及人跟法老、跟金字塔其實是沒有任何關係的，不是同一種民族，不是同一種血緣，不是同一種文字，今天的埃及人是古埃及文明消失後，從其他地方移民過來的。而中國人是自己土地上的原住民，我們的文化一以貫之延續至今。

為了幫助大家理解「文明型國家」，我們先要瞭解一個概念——「民族國家」。所謂「民族國家」，在西方政治話語中幾乎就等同於「現代國家」。它包含了我們今天熟知的國家主權，領土完整，民族的自我文化認同，清晰的邊界，擁有國歌、國旗、國徽，等等。

民族意識不是天生的，往往是需要建構的。比方說，新加坡是一九六五年獨立的，李光耀在他的回憶錄中就說過，當時當地的華人更認為自己是中國人，馬來人更認為自己是馬來西亞人，所以他有意識地推動形成新加坡的國家意識和民族意識。

歷史上，歐洲國家大都是宗教國家、家族國家，互相之間無休止地打仗，血流成河，十七世紀初的「三十年戰爭」，使日耳曼人口幾乎消失了四分之一。最終於一六四八年簽署了《威斯特伐利亞和約》（*Peace of Westphalia*），從此歐洲開啟了「民族國家」建構的進程，十八至十九世紀期間，民族主義作為一種政治運動在歐洲興起，「民族國家」亦隨之興起。

歐洲最早形成的「民族國家」可以說是法國。法國通過王權統一了稅收和軍隊，推動形成了法蘭西民族的意識。結果法國就具備了超強的現代國家的戰爭動員能力，擊敗了普魯士。後來，鐵血宰相俾斯麥遠交近攻，推動了德意志的統一和德意志「民族國家」的建立，形成現代國家後，德國便迅速崛起。在亞洲，日本通過明治維新，也形成了「民族國家」，加入歐洲列強，並在一八九四至一八九五年的甲午戰爭中擊敗了作為傳統國家的中國。

中國現代民族國家的建構也是一個艱苦卓絕的歷程。傳統中國絕大多數人口都生活在農村，農村基本上是自給自足的封閉社會和宗法社會，一個村子一個姓，由知書達禮的鄉紳處理村里家族間的事務。中國古代的皇帝表面上權力很大，但實際上「天高皇帝遠」，中央政府缺少國家治理的技術手段，更多地依賴道德教化來實行統治。

一八四〇年，西方的堅船利砲轟開了古老中國的大門，但當時的中國人並沒有意識到真正的危機。因為大清輸給的是西方強國，即使割讓土地，也是邊緣不毛之地。

一八九五年甲午戰爭的慘敗，給中國人民帶來前所未有的恥辱，「泱泱大國」居然敗於一向被中國看不起的「小日本」。《馬關條約》簽訂不久後的一八九五年五月，嚴復第一次著文喊出了「救亡」的口號。中國面臨的不是強與弱，而是更嚴峻的存與亡的問題了。朝野上下發出了「保國、保種」的呼聲。嚴復翻譯的《天演論》又進一步道出了「物競天擇，適者生存」的觀點。

梁啟超於一九〇二年首先提出了「中華民族」的概念：中華民族是中國境內所有民族從千百年歷史演變中形成的、大融合的結果。漢、滿、蒙、回、藏等民族融為一家，形成了多元混合的統一大民族。梁啟超指出了孫中山最初的口號「驅除韃虜、恢復中華」隱含著大漢族主義。後來孫中山等革命派也接受了梁啟超關於「中華民族」的觀點。

梁啟超曾多次感嘆，傳統中國的中國人「知有朝廷而不知有國家」。中央政府手中幾乎沒有多少自己可以掌控的軍隊，也沒有現代財政，老百姓更是沒有國家的概念。日本發動侵華戰爭的時候，當時日本人眼中的中國是什麼？是四分五裂的中國、內戰不息的中國，是一大批自治的部落，上面加上一個國家的名稱而已。「中國」這一詞彙，雖然在歷史上早就出現了，但它並不是現代意義上的國家概念，而是朝代、邦國、家室的總稱，即「一姓之天下，非萬姓之天下」。費孝通說過：作為一個自在的民族實體，中華民族是在幾千年的歷史過程中形成的，但作為一個自覺的民族實體，中華民族是在「近百年來中國和西方列強對抗中出現的」。

因為只有到了近代，中華民族才真正與「非我族類」的外國人發生衝突，才有可能使民族自我意識從自在走向自覺，意識到中華民族是一個具有共同生存空間、共同文化、共同生活方式、休戚與共的共同體。回想甲午戰爭的時候，那還是「朝廷的戰爭」，甚至被稱為李鴻章「一個人的戰爭」。

日本軍國主義的野蠻入侵，帶給中國人的不只是深重的災難，更是一種精神上的強擊，成為中華民族覺醒的催化劑。〈義勇軍進行曲〉喊出了「中華民族到了最危險的時候，每個人被迫著發出最後的吼聲」，我們深切感受到一個有血有肉的概念——「中華民族」。朱自清這樣描述自己的心情：「東亞病夫居然奮起了，睡獅果然醒了。從前只是一塊沃土，一大盤散沙的死中國，現在是有血有肉的活中國了！」經過艱苦卓絕的對日抗戰，中國軍民最終把日本侵略者逐出了國土，一掃我們民族的百年屈辱。今天我們更能理解毛澤東於一九四九年十月一日向全世界宣告，中國人民從此站起來了；我們更能理解彭德懷在抗美援朝戰爭勝利後說的名言：「帝國主義在東方架起幾門大砲就可以征服一個國家、一個民族的歷史一去不復返了！」換言之，一個覺醒的、高度團結的現代民族國家誕生了。

關於中國現代國家的建構，我還可以與大家簡單分享一下歷史學家黃仁宇的觀點。他從大歷史觀出發總結了中國近代史，分析了中國現代國家建設的過程，他的主要觀點是：從孫中山的民國時期到一九四九年之後中華人民共和國的歷史，可以看作一個現代國家建構的整體。他認為，民國時期，初步建構了一個現代國家的「上層結構」，包括各種現代政府的機構設置，但這個結構無法與中國的「下層結構」溝通，他以魯迅的小說為例說明上層政治菁英與底層結構的農民根本無法溝通，所以國民黨時期的中國是一種「頭重腳輕」的政治結構。他認為中國共產黨領導的土地革命徹底重塑了中國的「下層結構」。把農民組織起來，支援前線，進行土改和掃盲，為中國社會後來的「數位管理」奠定了基礎。今天若到貴州山區扶貧，只要給貧困戶一張銀行卡，現在還可以綁定手機，國家扶貧款就可以直接打到他個人的賬戶，這就是現代國家的「數位管理」，多數開發中國家還做不到。黃仁宇還認為，從一九七八年開始的改革開放，則是重構中國的「中層結構」。所謂中層結構指的就是司法、監察、稅收、物流等服務於現代市場經濟和現代國家的各種技術支撐和制度支撐。

換言之，通過長達百年的不懈努力，我們已經建立了一個由上、中、下三層結構組成的強大的現代國家，形成了空前統一的政府、市場、經濟、教育、國防、外交、金融、貨幣、稅收體系。

但這裡需要指出的是，我們國家又和一般國家不一樣，我們古老文明所形成的許多傳統並未隨著現代國家的建立而消失。恰恰相反，它們被保留了下來，而且在現代國家的載體中得到了更好的發揮。這就是我今天談的「文明型國家」的真正形成。

關於這個概念，我想提及三位學者。一位是美國政治文化學者白魯恂（Lucian Pye），他把中國稱為「文明國家」，英文是兩個名詞，civilization 和 state，中間是一個連接號，表示兩者屬於等同的概念。他把現代中國描述成「一個文明佯裝成的國家」（a civilization pretending to be a state）。這句話講出了一個事實，即中國是一個沒有中斷的古老文明，但它的潛台詞是，由於你是古老的文明，你不可能建成一個現代國家，不可能有現代的意識、現代的法治、現代的國防、現代的經濟，等等，換句話說，白魯恂用這個詞時，更多地帶有負面意義。

第二位是英國學者，也是我的好朋友，馬丁·雅克（Martin Jacques）先生，他在二〇〇九年出版了一本頗有爭議也很有影響的書《當中國統治世界》（*When China Rules the World*）。儘管這個書名不太符合中國人的思維習慣和處世方式，他自己也告訴我，這不是他的本意，但出版商認為這個名字有利於書的銷售。與白魯恂不一樣，他對「文明國家」這個概念作了比較中性和正面的闡述，應該說他已經基本擺脫了西方中心論的思維，值得肯定。他認為由於中國「文明國家」的特徵，中國不會變成另外一個西方國家，中國的崛起會改變世界。

但是馬丁・雅克也認為，中國的「民族國家」和「文明」兩種特性之間會有某種衝突，這種衝突「可能把中國拉向不同的方向」。比方說，他認為中國今後可能在東亞以某種形式復活自己歷史上存在過的朝貢體系；比方說，他認為中國人有一種種族優越感，可能會對現有的國際秩序形成某種挑戰。

第三位學者就是我自己。我比馬丁・雅克更往前走了一步。我認為，中國首先是一個現代國家，這是我在對中國模式和中國道路研究的基礎上形成的慎重結論。但中華文明的種種特質又使中國這個現代國家與眾不同。中國既是古老文明，也建成了現代國家，兩者的長處結合在一起，這就是今天的中國。作為一個現代國家，中國接受了現代國家主權和人權的主要觀念，中國不會恢復朝貢體系，也不會擁抱種族優越論。所以我用的是「文明型國家」，翻譯成英文是「civilizational state」。文明是一個形容詞而不是一個名詞，表示「文明型的」，修飾後面的「國家」這個名詞。「文明型國家」這個概念比白魯恂的「文明國家」這個概念要積極得多。

我認為，「文明型國家」具有超強的歷史和文化底蘊，不會跟著別人亦步亦趨，不會照搬西方或者其他任何模式，它會沿著自己特有的軌跡和邏輯繼續演變和發展；這種「文明型國家」有能力汲取其他文明的一切長處而不失去自我，並對世界文明作出原創性的貢獻。這種「文明型國家」的政治和經濟模式在很多方面過去與別人不一樣，現在也與眾不同，今後也還是自成體系。

我多次做過這樣的比喻：這就像漢語在擴大自己的影響時，不會以英文世界的喜好而改變自身；就像《孫子兵法》不需要克勞塞維茨來認可；就像孔夫子不需要柏拉圖來認可；就像中國的宏觀調控，不需要美國聯準會來認可。而更可能發生的倒是前者逐步影響了後者：漢語可能會逐步影響英語的發展，《孫子兵法》已經並將繼續影響西方軍事思想的發展；孔夫子和柏拉圖都為人類社會提供了寶貴的智慧；中國的宏觀調控，美國可以借鑑的東西也不少。

話說回來，為什麼西方老是誤讀中國？因為西方總是基於自己的歷史經驗和話語來解讀中國乃至整個世界。比方說，在「歐洲中心論」的影響下，西方主流政治學者演繹的發展邏輯是這樣的：從極權主義到威權主義，再走向民主，而民主的概念又是西方一家界定的。這種西方中心論影響下的歷史觀是單線條的，最終發展到西方政治模式終結了，這就是所謂的「歷史終結論」。這也是西方老把中國看成是一個「放大的東德」的深層次誤區所在。

作為一個「文明型國家」，中國的崛起有自己的邏輯：首先，歷史上它曾長期領先西方，這個領先有重要的原因，我稱之為「原因一」。十八世紀中國開始落後了，這種落後有其深刻教訓，中華人民共和國成立後，通過數十年的不懈努力，中國又迅速地趕上來了，甚至在不少方面超越了西方，這種趕超之所以成功，也有深刻的原因，我稱之為「原因二」。原因一與原因二是一種繼承和發展的關係，比如中國源遠流長的民本主義思想在今天仍然被十分看重，即政治機器不能空轉，政府要致力於改善百姓生活，包括物質生活和精神生活。這是中國今天取得成功的關鍵所在，而忽視民生也是今天西方模式走下坡的主要原因。

這背後反映的是兩種哲學觀，一種是西方中心論的歷史單線發展觀，認為西方代表了最好的制度，歷史發展到西方模式就終結了。另外一種是認為歷史上存在各種發展模式，它們之間從來就是百花齊放的、互相競爭的，某一模式即使過去很好，但驕傲自滿，就會停滯，就會落後，其他模式就會趕上來，歷史進程是多線的，是動態的。

以多線歷史的角度看，十八、十九世紀世界上崛起的第一批國家，如英國、法國等，其人口是千萬級的；二十世紀崛起的第二批國家，如美國、日本等，其人口是上億級的；而二十一世紀崛起的中國，其人口是十億級的，超過前兩批國家的人口總和。這不是人口數量的簡單增加，而是一個不同質的國家的崛起，是一個五千年文明與現代國家重疊的「文明型國家」的崛起，是一種新的發展模式的崛起，是一種獨立政治話語的崛起，它必將深刻地影響整個世界的未來走向和整個人類的命運。

四大「超級因素」

有人問我，你為什麼要提「文明型國家」這個概念？我說很簡單，首先，我認為它揭示了中國崛起的邏輯。中國當代的制度安排繼承和借鑑了大量中國古代的政治思想、治理原則，這使得中國可以克服民族國家等西方話語中的諸多問題，實現中國當下不尋常的崛起。

第二，這是一個事實闡述，中國就是這麼一個延綿不斷的古老文明與超大型的現代國家的疊合體。

第三，中國是個大國，大國的話語要有底氣，要有點兒派頭。一個五千年沒有中斷的文明，又融入了大量的現代元素，能不厲害嗎？這就是中國國家主席習近平在二〇一八年「中國國際進口博覽會」演講所說的：「經歷了無數次狂風驟雨，大海依舊在那兒！經歷了五千多年的艱難困苦，中國依舊在這兒！面向未來，中國將永遠在這兒！」我反覆強調一個觀點，中國做的事情，不需要西方的認可，以後很可能是中國認可不認可西方的問題。

「文明型國家」的四個特徵，我稱之為「四超」，即超大型的人口規模、超廣闊的疆域國土、超悠久的歷史傳統、超豐富的文化積澱。這是中國崛起最精彩的地方。

首先，是超大型的人口規模。

我們習慣了「中國是世界上人口最多的國家」這種說法，但仔細再想想，這不是一般的多。我們每年都有春運，以二〇一九年為例，春運時有近三十億人次在路上，這意味著什麼？這意味著大概等於把整個北美洲、南美洲、歐洲、非洲和俄羅斯、日本的人口數量加在一起，在不到一個月的時間裡，從一個地方挪到另外一個地方。人口眾多，就是中國面臨的最大挑戰，同時也是中國的最大機遇。做產業的人知道，能在中國做到最大，你在世界上可能就是最大的，「海闊憑魚躍，天高任鳥飛」，在這樣的人口規模下，什麼奇蹟都可能創造。

和歐洲相比，一個歐洲普通國家的人口也就是一千四百萬左右，所以中國的人口約等於一百個歐洲普通國家的人口之和。相比之下，印度是世界人口第二大國，但印度歷史上沒有經歷過中華民族這麼長久的人口整合過程，印度龐大的人口遠遠沒有中國人那種高度的文化同質性，也就是相同的語言、文化、價值觀和生活方式，也遠遠沒有中華民族那種凝聚力。印度曾經出現過自己古老的哈拉帕（Harappa）文明，但後來中斷了。印度歷史上動亂不斷，比較長的統一時期是從十九世紀開始的英國殖民統治時期，外來的英語也成了印度的主要官方語言，而今天真正掌握英語的人還不到印度總人口的百分之十。

整個西方的人口佔世界人口的百分之十四，而中國人口佔世界人口的百分之二十。隨著現代國家的建立，特別是現代教育體系的建立，受過教育和培訓的人民是我們「文明型國家」的最大財富。這麼巨大的人口都生活在一個經過充份整合的現代國家載體內，他們既受到傳統文明的薰陶，又接受過現代教育，而且擁有相當的生活質量。

中國崛起所產生的超大與超強的規模效應世界上無國可比。中國的製造業、電子商務、國內外旅遊、互聯網，特別是移動互聯網、物流、高速鐵路、人工智慧等行業的迅速發展，都體現了這種規模效應。從更廣的意義上看，由於人口效應，中國一旦改變自己，往往就能產生改變世界的效應，甚至引領世界的發展，引領有關標準和規則的改變。

比方說，中國的汽車產量和銷量已經居世界第一，隨之出現的就是整個世界汽車工業開始了某種面向中國的轉型。在下一代汽車也就是電動汽車方面，全球汽車製造商計畫在未來五到十年內，增加三千億美元的支出，而其中近一半預計將投向中國。世界汽車巨頭幾乎都認為中國市場代表了新一代汽車產業的未來。

再比方說，現在世界進入了大數據時代，中國的人口數量和教育水準，意味著我們的大數據遠遠多於其他國家。有一種說法是，工業文明時代最重要的資源是石油，資訊文明時代最重要的資源就是大數據。中國的人口是美國的四倍多，中國的行動支付規模是美國的七十倍，中國人每天創造的數據，無論廣度、深度和厚度，都是其他國家無法比擬的。這對5G、雲計算、人工智慧等新工業革命、新科技革命意味著什麼？對未來世界許多產業的標準確立意味著什麼？對世界和人類未來的影響意味著什麼？不言而喻。

第二，超廣闊的疆域國土。

中國幅員遼闊的疆土也是在漫長的歷史中逐步「百國之和」而形成的。今天的世界版圖上，俄羅斯和加拿大的國土面積比中國還要大，但它們從未經歷過「文明型國家」意義上的那種整合歷程。蘇聯曾嘗試創造過「蘇維埃民族」，但隨著蘇聯的解體而化為烏有，少數民族為主的各個共和國紛紛獨立。如果不是普京上台扭轉了親西方勢力主導的所謂「民主化」，俄羅斯還會不斷地解體下去。

印度是人口大國，但國土面積只有中國的三分之一，疆土內的整合程度也遠不及中國，許多反叛運動還沒有平息，種姓制度也阻礙了人口流動和社會活力。

錢穆先生曾經比較過古代中國和古希臘及後來的古羅馬，他認為古希臘是「有民無國」，古羅馬是「有國無民」，而古代中國是「有國有民」。古希臘沒有形成過統一的國家，而是由一批城邦鬆散組成，一個城邦的人口少則上千人，多則二十來萬，小於中國秦漢時期郡縣的人口規模，從來沒有統一的中央政府。羅馬帝國常年征戰，最強盛時期，其疆域近三百五十萬平方公里，與中國西漢相當，但在國家的治理上，古羅馬始終沒有像秦漢時期的中國那樣把疆域內的人口整合起來，中國當時已經有了郡縣制、戶籍制度、編戶齊民等。而羅馬帝國終因經濟衰退、政治動盪、日耳曼游牧蠻族的入侵等原因走向解體和滅亡，之後的東羅馬帝國很難算是歐洲國家了。羅馬帝國解體後，多數史學家認為歐洲進入了長達千年的中世紀「黑暗時代」。一般認為到了十六世紀的「文藝復興」，歐洲才開始擺脫這一漫長的「黑暗時代」。

中國的情況截然不同。秦始皇於公元前二二一年統一中國，實行了「書同文，車同軌」，統一了度量衡，推行了郡縣制，奠定了維持中國統一的文化和制度基礎。之後的中國，雖然經歷了多次分裂，但歷代的主流政治都尋求統一，之後的歷代政治制度幾乎都可追溯到秦漢時期，正如毛澤東所說，「百代都行秦政制」。中國「大一統」的傳統自秦統一之後就一脈相承。

遼闊、統一的疆域使中國獲得了絕大多數國家難以比擬的地緣優勢和戰略縱深。中國強有力的中央政府和強大的國防能力，使我們徹底解決了困擾中華民族百餘年的「挨打」問題。中國可以在超大規模的國土內進行戰略佈局，可以實現「西氣東輸」、高鐵「八縱四橫」等人類歷史上罕見的現代化工程。對於絕大多數國家來說，產業升級往往意味著產業遷移到外國，而中國在自己內部就可以進行大規模的產業梯度轉移。一般製造業可以從發達板塊轉移到新興板塊，但仍然不出中國，這就延長了中國製造業的生命週期。「文明型國家」所形成的地緣優勢也使我們具有其他國家難以企及的地緣輻射力。中國推動的沿海開發、沿江開發、沿邊開發，到今天的「一帶一路」倡議，已經把中國的邊境省份變成了對外開放的前沿。特別是歐亞鐵路的建設，包括渝新歐鐵路，連雲港、義烏等地至歐洲的鐵路等，還有正在建設中的從雲南通向東南亞的鐵路大通道，把中國與俄羅斯、中亞、歐洲和東南亞國家連成一片。

中國這種地緣優勢是日本這樣缺少地緣優勢的國家所難以比擬的。中國經濟發展過程中中央和地方「兩條腿走路」的做法、各級地方政府所發揮的巨大作用、縣際競爭與合作等特點都與中國幅員遼闊、人口眾多這些特徵有關。

中國超廣闊的疆域國土是個「洲」的概念，就是飛機飛三個多小時，在歐洲已經飛過十幾個國家，在中國卻還在一個國家裡邊，還是講中國話，吃中國菜，享受豐富多彩的中國文化，這是少有的精彩。

結合人口與地域這兩個「超」帶來的挑戰，我經常強調這個觀點：一旦能克服挑戰，創造的就是人間奇蹟。我舉個例子。中國的高鐵技術為什麼是世界最好的？很簡單，因為你首先要能夠應對中國巨大的人口壓力。一個春運三十億人次的國家，必須在最短的時間內把最多的人口運送到另外一個地方，然後再接回來，實現了這個突破，肯定是世界第一。中國超廣闊的疆域國土，意味著高鐵技術要能適應東北的凍土，要能適應江南密集的河網，要能適應雲貴高原，如果這些地理條件都能適應，那技術肯定是超越其他國家的。其他國家沒法比，中國遠遠領先，我把這個叫作超越。

第三，超悠久的歷史傳統。

五千年延綿不斷的歷史使中國在人類知識的幾乎所有領域都形成了自己的知識體系和實踐傳統。我們在政治、哲學、宗教、語言、教育、藝術、音樂、戲劇、文學、建築、軍事、體育、醫學、飲食等領域內都有博大精深、自成體系的成果。這種傳統的豐富性、內源性、原創性和連續性都是其他民族所難以望其項背的。

比方說，由於人口眾多、地域廣大、環境複雜等，中國人在治國理政方面形成了自己獨特的傳統。中國古代的治國理念就突出「民惟邦本，本固邦寧」、「民以食為天」、「治國先治吏」、「居安思危」、「宰相必起於州部，猛將必發於卒伍」等理念。其實，遠在遠古時期，中國許多獨特的治國理政的傳統就開始形成，如領袖要率先垂範、政府組織大規模的治水工程、最高領導權力接班過程中的「禪讓」制度等。秦始皇統一中國，更是開創了治理超大型國家制度安排的先河。

中國今天選擇了社會主義道路並取得了巨大的成功，背後也離不開中國傳統崇尚平等這一重要基因，例如，早在春秋戰國時期，由血緣出身決定的土地壟斷就被摧毀，這推動了土地的自由流轉，但這導致了土地兼併、貧富兩極分化的問題，所以歷史上的許多朝廷都採取「常平倉」來儲糧備荒，也就是運用價值規律，調劑糧食供應，穩定糧價。在糧價低的時候，進行收購，在糧價高的時候，適當降低價格出售糧食，以避免「穀賤傷農」，同時避免「穀貴傷民」。例如，從隋朝開始的科舉制度，設定了平民進入國家管理部門的普遍標準，所以古代就有「朝為田舍郎，暮登天子堂」的說法，也就是說，早上還在種田，晚上就當了大官。歐洲一直是世襲制，直到十九世紀才從中國借鑑了科舉制度，形成了他們的文官考核制度。中國的這些制度都是當時世界上最先進的制度安排。

中國這些制度安排的背後是一種平等精神，它雖然不同於社會主義的平等觀，卻給後來中國接受社會主義準備了文化和心理基礎。

第四，超深厚的文化積澱。

數千年綿延不斷的歷史也為我們提供了世界上最博大精深的文化資源。中華民族在五千年綿延不斷的文明歷史進程中，創造了氣勢恢宏、內涵豐富、綿延不斷的文化成就。這些成就包括中國人崇尚「天人合一」和整體主義，包括儒、道、釋互補，儒、法、墨共存。這對於今天這個充滿宗教衝突和對抗的世界仍有啟發意義。

中國文化的豐富性也意味著中國具有海納百川的文化包容性，可以融多樣為一體。中國光是方言就有上萬種，北京人、廣東人、上海人在生活習慣和思維方法上的許多差異不亞於英國人、法國人、德國人之間的差異。除此之外，還有五十六個民族之間的差異，但這些差異都可以在中華文明「和而不同」的框架內，相輔相成、相得益彰。

隨著中國的迅速崛起，中國文化也開始進入了前所未有的繁榮和復興時代。這種繁榮和復興的深度、廣度和強度也只有一個文化資源如此豐富的國家才可能做到。過去四十年中的中西文化近距離大規模相遇，不但沒有使多數中國人喪失文化自信，反而促成了中國人新的文化自覺。雖然崇洋媚外思潮在中國還有不小的市場，但中國人文化自覺和文化自信的大勢正在形成，這是非常之好的事情，因為這是一種國家全方位對外開放情況下形成的文化自覺，是在對外部世界保持廣泛聯繫基礎上的文化自覺，其意義自然非同凡響。這使中國文化創意產業、中國影視業迎來了春天，中國五千年連綿不斷的歷史和無數蕩氣迴腸的歷史事件為中國影視產業提供了用之不盡的素材。截下任何一個歷史斷面，都可以開發出無數的題材和故事。這些都是包括好萊塢在內的西方影視文化所難以企及的，二〇一八年中國電影票房國產片再次超越進口大片，有人說，「家國情懷燃了，現實主義火了，新銳導演熱了」。

在中國大地上飛馳的最現代的高鐵，背後也有豐富的中國文化記憶：高鐵奇蹟與中國歷史上的「線性文化」的偉大工程相聯。中國歷史上的大運河、萬里長城、茶馬古道、陸上絲綢之路、海上絲綢之路都屬於「線性文化」的一部份。認識到這種自古對交通的追求，就可以理解為什麼今天網路上流傳各種高鐵美景、美食全攻略地圖。比如把中國的高鐵圖誇張地繪製成一張城市地鐵圖，然後寫上：「從上海到昆明，朝發夕至，早上你還在上海吃著小籠包，晚上就能到雲南吃鮮花餅啦。光想想心裡就美呀！」這是一個文明型國家崛起帶來的獨有精彩的濃縮：「八縱八橫」的高鐵，給中國人帶來的不僅是出行的便利，而且是這種便利激發出來的超豐富的文化積澱——世界上最多姿多彩的自然景觀、世界上最深厚豐富的人文景觀、世界上最有滋有味的華夏美食。

總之，作為一個文明型國家，中國本身是一個精彩萬分的大世界。一個五千年綿延不斷的文明本身就是人類歷史上一份最偉大的物質和非物質文化遺產，我們對此要心懷敬意。中華文明是世界上唯一活著的古老文明，雖然古老，但至今根深葉茂，生機勃勃。它今天所展現出來的一切，絕對不是簡陋的西方話語所能描述的，絕不是他們所說的所謂「先進」和「落後」、「民主」和「專制」、「高人權」和「低人權」這種過份簡約的概念可以概括的。中華文明的內涵要比這些概念遠為豐富。凡是能夠持續數千年而不斷的存在，一定有其獨特的地方，乃至偉大的智慧，我們切忌簡單地拿西方所謂現代性的標準來隨意否定自己的文明，而是要像對待一切珍貴的物質和非物質文化遺產那樣，認真地呵護，理性地分析，看看它已經給我們帶來了多少成就與輝煌，看看它還能給中國和世界帶來什麼特殊的意義。其中很多內容可以通過繼承發揚和推陳出新而成為我們超越西方模式的最大精神和智力資源。

「文明型國家」既是一個國家，又是「百國之和」。作為一個國家，它有世界上最難得的民族凝聚力和宏觀整合力，作為「百國之和」，它有世界上最罕見的內部差異性和複雜性，在中國模式的引導下，中國「文明型國家」的人口、土地、歷史、文化四大「超級因素」構成了中國崛起的最大優勢：中國有世界最充沛的人力資源和全球最大的消費市場，有其他國家難以比擬的地緣優勢，有自己悠久的歷史傳承和獨立的思想體系，有取之不盡、用之不竭的文化資源。

反之，如果中國放棄中國模式，轉而照搬西方模式，中國自己「文明型國家」的優勢恐怕就會消失得無蹤無影，中國「文明型國家」的最大優勢也可能會變成自己的最大劣勢：「百國之和」變成「百國之異」，強調共識的政治變成強調對抗的政治，「百國之和」的人口將成為中國混亂動盪的溫床，「百國之和」的疆土將成為四分五裂的土地，「百國之和」的傳統將成為無數紛爭和對抗的藉口，「百國之和」的文化將成為不同文化族群大規模衝突的根源。

正是在這個意義上，我們可以更加充份地意識到中國崛起對中國自身，對整個人類，對整個世界的偉大意義。

「文明型國家」崛起的歷史基因

我多次講過一個「文明型國家」的崛起有自己的邏輯，這個邏輯就是我在歷史上曾領先你，有其原因。後來落後了，有其教訓。現在又趕上來了，甚至在不少領域內，超越你了，也有其原因。這些今天趕超成功的原因和歷史上強於西方的原因是正相關的。我想談談對三個問題的看法：第一，中國歷史上領先西方的主要原因是什麼；第二，中國後來為什麼落伍了；第三，中國是如何趕上來的。

先談第一個問題。在過去兩千多年的歷史的大部份時間內，應該說，中國在經濟、政治、社會、科技等廣泛的領域內幾乎全面領先當時的歐洲。一切在於比較，沒有絕對的好，只是相對而言歷史上的中國更加先進。就像今天，我講中國成功，也是比較世界上絕大多數國家，中國幹得更好，雖然實際上中國還可以做得更好。古代中國也是一樣，現在回頭看，也有很多很多問題，但在當時確實比世界上絕大多數同時代的國家做得要好。

中國當時領先歐洲主要有幾個原因。首先，中國古代源遠流長的民本傳統。中國人有「民惟邦本，本固邦寧」的古訓，也就是把人民看作國家的基石，看作「人心向背」的關鍵所在，把民生問題解決得好壞看作決定國家命運的大事。管子說：「凡治國之道，必先富民。」也就是說，治國就是要讓老百姓富裕起來。孔子說：「政之急者，莫大乎使民富且壽也。」也就是不僅要讓老百姓富裕起來，而且要長壽。中國本土經濟學的傳統也是「經世濟民」。在此之外，我們的先哲還提出許多民本、民富的具體政策。比方說，孔子及其弟子一直主張輕徭薄賦，重視農業和民生。這些思想在十七至十八世紀傳到歐洲，給歐洲的人文學者和統治者都帶來了震撼，歐洲大經濟學家魁奈（Quesnay）主張學習中國的重農政策和土地政策，法國和奧地利的國王也模仿中國皇帝在天壇舉行親耕儀式。

中國的民本傳統除了「富民」，還有其他內容，如「教民」。孔子說的「有教無類」，通過教育「人人皆可成舜堯」這些理念遠遠領先當時的歐洲。中國古代還有「常平倉」政策，通過國家儲備，防止「穀賤傷農」，也防止「穀貴傷民」。後來美國總統羅斯福推出所謂「新政」中的農業政策，就借鑑過宋代王安石新政中的「常平倉」政策。這些事實也說明，在中國政治文化的傳統中已經含有不少樸素的社會主義元素，這為中國後來接受社會主義理念和制度作了政治文化方面的鋪墊。

第二，中國古代政治哲學中的「天命觀」。可以說「天命」是中國漫長歷史中國家最高權力的來源，但它與歐洲歷史上的「君權神授」不同，對於國家最高權力來說，「天命觀」在某種意義上是一種最大的監督和制約。在中國歷史概念中，「天」總是用來表現最為重要的意義，如「王者以民為天，而民以食為天」（《漢書・酈食其傳》）、「民之所欲，天必從之」（《尚書・周書・泰誓上》）等。換言之，「天」不只是大自然的天，更是自然、民眾、社會、祖先以及世間萬物的匯聚，代表最高的正義和權威。統治者代表「天」去統治和保護民眾，一旦統治者違背了「天命」，開始蹂躪百姓，「天命」就將被收回，人民有權揭竿而起，實現新的

「天命」統治，即歷史上所謂「湯武革命，順乎天而應乎人」（《周易・革》）。

用今天的政治哲學來看，「天命觀」在某種意義上就是中國人自己的「契約論」，也就是荀子引用孔子所說，「水則載舟，水則覆舟」；孟子說，「民為貴，社稷次之，君為輕」。在這個意義上，「天命」就是「民心向背」，是對皇帝的警訓。中國學者趙鼎新曾這樣說，「天命觀」在某種意義上就是「政績合法性」：「天命觀的一個關鍵要素是雖然統治者不能完全決定自己的命運，但他可以通過德行影響天的意願，當上天對一個統治者不滿時，它會通過自然災害的形式對其發出警告。」當一個皇帝的「天命」被廣泛地視為不復存在之時，中國的平民百姓有權揭竿而起，這在古代歐洲是不可思議的。這種中國的「契約論」，比法國思想家盧梭的「契約論」要早兩千多年，盧梭在十八世紀中葉提出了「主權在民」的思想，認為政府和人民之間是一種契約關係，政府要認識「公意」，實踐「公意」，並提出了一整套法律安排來落實這種契約。然而在盧梭去世之後的兩百年，法國的政治制度的建立幾乎一直相當動盪。

我於二〇一七年在荷蘭參加奈克薩斯思想者大會（NEXUS Conference）時，主持人對所有在場學者拋出了一個問題，他說：拿破崙曾說過，權力背後總有某種不安，今天這種不安是否變得更強烈了，因為整個世界似乎都充滿了某種不確定？極端反華的法國哲學家貝爾納—亨利・萊維第一個發言，他說：美國在川普上台後走向孤立主義，自由主義模式受挫，以啟蒙運動為代表的歐洲自由主義傳統面臨來自中國等反啟蒙、反自由主義國家的挑戰，中國「專制主義」模式也乘勢走強，這帶來了西方的廣泛不安，西方世界要重振自由主義。

主持人隨即請我談談看法。我說，西方這種權力的不安，源於權力脫離人民。如孔子所說，

「水可載舟，亦可覆舟」，水就是人民，脫離人民就有覆舟的危險。當時，中共十九大剛剛召開，我提到十九大的核心理念就是權力要永遠與人民在一起，以人民為中心，才能無往而不勝。西方今天亂象頻出，其根本原因就是西方政治權力既嚴重脫離本國民眾，也嚴重脫離世界人民。

與「天命論」平行的還有中國古人「天下為公」的思想，早在《禮記》中就有「大道之行也，天下為公，選賢與能，講信修睦」，認為天下是公眾的，天子之位，傳賢而不傳子，這後來成為一種美好社會的政治理想，為中國社會所廣泛認同，對中國的歷代朝廷都是一種激勵，也是一種道德制約，這些都是同時代的歐洲君主難以想像的事情。

第三，選賢任能等制度安排，如科舉制度。從隋朝開始，中國實行了科舉制。從宋朝開始，科舉制就非常成熟了，多數官員是通過科舉考試選拔的，相比之下，當時的歐洲大多數國家還是絕對君主制，官員也都是貴族世襲的，直到十九世紀歐洲才從中國借鑑了科舉制度，形成了自己的文官考試制度。

第四，中國古代總體的社會自由度普遍高於歐洲古代社會，在農業社會，最主要的生產資源是土地，而中國的土地在多數情況下是可以買賣的，是小農社會為主，而歐洲是農奴社會為主，土地屬於農奴主，相形之下，小農生活的自由度遠超農奴。至於知識界的自由度，中國學者劉夢溪曾這樣描述中國古代文化中「狂」的自由態度。他說，「狂」字在汗牛充棟的古代文本載籍中是個常見詞。中國還有源遠流長的武俠文化、寫意繪畫、書法狂草等傳統。有儒家的聖人理想，佛教禪宗的頓悟超越，道教的崇尚自然。這種「狂」的程度和範圍在古代歐洲文化中罕見。某種意義上，西方人天天嘴上掛著「自由」，可能正好證明了古代歐洲人享受的自由太少了。

那麼歐洲後來是靠的什麼超越了中國呢？以我之見，主要有三個原因：

首先是戰爭。如果我們從十六世紀算起，可以說歐洲很長時間內都在打仗，從四五百個國家開始，打到最後成了二三十個國家，例如，從一五〇〇年到一八〇〇年的三百年間，歐洲主要國家在多數時間裡都捲入了大規模的戰爭，西班牙是百分之八十一的時間，英國是百分之五十三的時間，法國是百分之五十二的時間。但壞事變「好」事，當然這個「好」是打上引號的，歐洲國家雖然本身為此付出了慘重的代價，造成的死亡和破壞無以計數，但一些主要歐洲國家的軍事實力也藉此發展起來了。然後它們就開始到處打別人，包括建立海外殖民地，大量掠奪別人的資源和財富，包括後來打敗中國，並強迫中國支付天價賠償，為歐洲的發展注入了大量的資金，而中國自己則陷入了一貧如洗的境地。西方的軍事崛起還帶來了現代民族國家的崛起以及社會組織能力和科技實力的提高。

二是金融和貿易。威尼斯等地的商人在與東方的貿易中發了財，便開始投資戰爭，發戰爭財，資助了歐洲內部的許多戰爭，這個傳統後來又在荷蘭、英國等國得到延續。美國學者彭慕蘭（Kenneth Pomeranz）曾這樣論述殖民時代的貿易：英國工業革命的資源動力是棉花，而棉花來源於美洲奴隸主控制的農場；工業革命產品的主要市場是美洲和亞洲，而不是英國本身。

此外，儘管古代中國是世界最大的經濟體，但貨幣短缺與經濟發展的矛盾一直沒有解決好，造成了整個國家對進口白銀的依賴。自十六世紀西班牙在美洲大規模開採並向中國出口白銀，中國患上了「白銀依賴症」。也就是說，中國的貨幣供應，取決於外部世界提供的商品白銀。現在回頭看，明朝李自成起事的一個重要原因就是政府發不出薪水了，我們的貨幣不夠了，因為種種原因，西班牙貿易體系出了問題，國際市場上的白銀供應量迅速減少。之前一年之內可能有六十多艘船運著白銀到中國來，當時一下子全年只有六七艘船，減少了十倍，這就出現了貨幣供應的危機。清朝的覆滅也與此有關，英國主導的世界貨幣體系在一八七〇年左右開始由「銀本位」轉向「金本位」，銀在國際市場上的價錢大跌，對清朝的經濟造成了打擊。這些都是中國被歐洲超越的重要原因。

這些情況也說明當時的中國朝廷缺少國際眼光，缺少我們今天講的處理國內、國外兩個市場的眼光和經驗。儘管中國是發明紙幣的國家，但到明清兩朝，中國還是沒有能夠解決好貨幣短缺和貨幣信用的問題，最後只能通過進口白銀來平衡。明朝幾位皇帝也嘗試過建立國家統一的財政制度和貨幣信用，但都沒有成功。中華民國時期發行的法幣也沒有真正成功。中國的貨幣自主是到中華人民共和國成立後才真正確立起來的。

第三是中國自己的認識問題。中國朝廷迷戀於中國自己版本的「歷史終結論」，認為天下沒有比中國更富庶的地方了，心理上妄自尊大，心態上不思進取，政策上閉關鎖國，等等，使中國人對外界發生的巨變幾近麻木無知，整個國家自然也無法與時俱進，無法應對西方列強崛起所帶來的血與火的挑戰。學者許倬雲曾這樣感嘆：「十九世紀前半的世界，已有一個相當整合的全球經濟體系。國際貿易，經由長程海路運送商品，將美洲白銀帶來中國，中國的貨品運往歐美⋯⋯在東方，英國已建設新加坡，控制了印度洋與太平洋之間經過麻六甲海峽的航道。凡此事件，都已是歐洲政客與商人熱烈討論的課題，可是當時的中國人則蒙然不知外面的世界已在急速地邁向資本主義孕育的帝國主義，更未能預見中國將在這一浪潮中，幾乎滅頂！」

回望這段歷史，英國和其他歐洲主要國家以軍事和貿易、金融的手段掠奪非洲、美洲和亞洲，也用同樣的手段對待當時的中國。如果我們看今天的世界，西方特別是美國，仍依賴這兩個手段對世界進行控制。美國在海外有大量的軍事基地，唯恐天下不亂，為了自己的利益最大化而時常製造緊張局勢，包括發動戰爭；美國等西方國家還控制著對自己十分有利的世界金融體系。

那麼，中國是如何趕上來，甚至在不少方面後來居上的呢？

首先，作為「文明型國家」，中華人民共和國成立以來，中國創造性地發展了自己源遠流長的民本主義傳統和選賢任能傳統。中國共產黨重新詮釋了「天命」的概念。毛澤東直接把中國人民稱呼為中國共產黨的「上帝」，是中國共產黨一切力量的直接來源。在中國共產黨今天的政治語彙中，人民的意願、認同及支持，被看作高於一切的信念，這是新的、具有人民性的「天命」，中國共產黨以完成中華民族偉大復興為自己的使命和天職。

其次，中國較好地解決了「軍事」和「金融」這兩個關鍵問題。在軍事方面，二十世紀五〇年代的韓戰扭轉了乾坤。這是自一八四〇年以來，西方第一次對侵略中國的選擇感到了畏懼，一九四九年四月還在中國內河裡上下游弋的西方軍艦再也不敢回來了，從此我們獲得了七十年的和平。某種意義上，中國共產黨對中華民族的最大貢獻之一就是締造和培育了一支強大的人民軍隊，我們過去的軍隊打不過西方，而中華人民共和國徹底終結了西方大國可以隨意入侵中國的屈辱史，使我們得以捍衛自己的主權獨立和領土完整，可以決定自己的命運和未來。

在金融方面，中華人民共和國成立伊始，我們一舉確立了人民幣的國家貨幣地位，並很快形成了統一的、獨立的國家財政體系。這無疑是五百年來中國取得的最大成就之一。環顧今天的世界，可以說中國是世界上財政狀況最好的大國，擁有世界最大的外匯儲備，已經成為世界最大的貿易國，人民幣正在穩健地走出國門，成為一種比較強勢的、具有高度信譽的貨幣，國際貨幣基金組織也把人民幣納入了特別提款權（SDR）的貨幣籃子。

當然，在金融問題上，我們還需謹慎。我和復旦大學中國研究院的陳平教授曾在倫敦見過當時已經九十多歲的英國著名歷史學家霍布斯邦（Eric Hobsbawm），我們是他生前會見的最後一批中國客人。他在會見中講到了一個觀點。他說，縱觀歷史，西方強國一個接一個走衰的主要原因都是經濟金融化，也就是玩錢生錢的遊戲上癮了，難以改邪歸正，當年的荷蘭如此，後來的英國如此，今天的美國看來也是如此。中國今天強調金融一定要為實體經濟服務，是有深刻道理的。經濟學家史正富把金融分為「為實體經濟服務」的金融和「為自我服務」的金融，美國今天的麻煩就是「為自我服務」的金融百倍於「為實體經濟服務」的金融，這是美國面臨的一個嚴重問題，中國也要防止其外溢可能帶來的破壞性。我們要汲取歷史教訓，防範金融危機，絕不能犯顛覆性的錯誤。

最後，中國汲取了歷史上閉關鎖國的教訓，以前所未有的規模向全世界開放，融入國際市場，參加國際競爭，在競爭中不斷改進自己，發展自己，有選擇地借鑑別人的經驗，但絕不盲從，整個國家也因此而迅速崛起，給世界帶來了震撼。無疑，中國的崛起已經改變了世界，並將繼續影響整個世界格局未來的演變。

中國人的愛國主義

中國是一個「文明型國家」。「文明型國家」的愛國主義有自己的特點，中國人有寶貴的「家國情懷」。二〇一九年是中華人民共和國成立七十週年，不少地方都有「閃唱」活動，大家唱得最多的是我們耳熟能詳的歌曲〈我和我的祖國〉。這首歌無論是歌詞還是旋律，美得令人心醉，唱出了絕大多數普普通通中國人的真實情感。這使我想起了另外一首優美的歌曲〈我的祖國〉，以及這首歌曲曾經引發的一起輿論「事件」。二〇一六年年底，觀察者網刊發了一個很有意思的報導：作家龍應台女士，在香港大學做了一個演講，主題是「一首歌，一個時代」。她要在場的聽眾，回憶一下自己小時候聽過的人生第一首啟蒙歌曲。在場的香港浸會大學副校長周偉立不緊不慢地說：我的啟蒙歌曲好像是〈我的祖國〉。沒想到整個會場就唱起了「一條大河波浪寬，風吹稻花香兩岸」，而且歌聲愈來愈響。龍應台本人是不認同紅歌的，第二天，她發表了一篇文章，說「有時候，大河就是大河，稻花就是稻花罷了」，也就是說，這無非是簡單而美麗的旋律而已。

但尷尬的是她做講座時也提到了她自己的人生啟蒙歌曲，包括〈綠島小夜曲〉，一首曲調優美的情歌。綠島是當時台灣國民黨當局關押政治犯的地方，她認為這首歌不只是一首情歌，而且也是一種對威權政治的抗議，所以她的文章引來了不少議論，認為她採用雙重標準。換言之，就是我們在談這類問題的時候，不能採用雙重標準。

〈我的祖國〉這首歌曲是多數人耳熟能詳的歌曲，它是電影《上甘嶺》的插曲，源於戰火紛飛的抗美援朝。「一條大河波浪寬，風吹稻花香兩岸，我家就在岸上住，聽慣了艄公的號子，看慣了船上的白帆。這是美麗的祖國，是我生長的地方……朋友來了有好酒，若是那豺狼來了，迎接它的有獵槍。這是強大的祖國，是我生長的地方……」這首歌幾乎完美地詮釋了中國人的「家國情懷」。這首歌裡的「家」就是我們無數個普普通通的家庭，這首歌裡的「國」就是中華人民共和國，韓戰永遠結束了西方大國可以任意欺負中國的歷史，也就是彭德懷所說，「帝國主義在東方架起幾門大砲，就可以征服一個國家、一個民族的歷史一去不復返了」！

漢字中「國家」的寫法跟其他語言不一樣，一個字是「家」，一個字是「國」。這是中國人對國家的基本定義，表達了中國人對「國家」的獨特感悟。中國人對國家的理解是千千萬萬無數個「小家」和國家這個「大家」的關係。與西方社會不同，中國社會以家庭為中心的文化衍生出一整套思維和生活方式，從「捨己為家」到「保家衛國」到「修身、齊家、治國、平天下」，都展現了中國人特有的「家國同構」的政治文化傳統。這種把家和國聯繫在一起的傳統，西方很少。

從個人來講，中國人可以為自己家庭做出很多犧牲，這是一般西方人難以理解的。我曾經看到一個美國記者寫得很長的報導。他在深圳採訪了農民女工，女工跟他說：「上班後連著幾個月，我把工資的一半都寄給我父母。」這在中國文化中是很容易理解的，因為我們永遠感激父母的養育之恩。這位記者覺得有點不可思議：怎麼自己的工資不完全是自己的，一半是屬於家人的？這對他來說很新奇。實際上心存對父母的感激，是中國文化很重要的組成部份。父母並不一定要你的錢，甚至還要通過許多方式幫助你，但這種父慈子孝的倫理是多數中國人的文化傳承。

由此而延伸到個人、家庭與國家的關係。〈我的祖國〉實際上唱的就是家國同構。歌詞裡有「一條大河波浪寬，風吹稻花香兩岸」。這首歌的詞作者，特別令人尊敬的喬羽先生，曾接受過採訪，記者問他，「為什麼不說長江、不說黃河？」他說，一條大河更好，因為長江只有長江一帶的人比較熟悉，黃河只有黃河邊上的人比較熟悉，而幾乎所有中國人自己的心中都有自己故鄉的河。「一條大河波浪寬，風吹稻花香兩岸。我家就在岸上住，聽慣了艄公的號子，看慣了船上的白帆。這是美麗的祖國，是我生長的地方，在這片遼闊的土地上，到處都有明媚的陽光」，他就這樣把家和國聯繫在一起了。

中國人這種家國情懷還有一個重要的成因，就是從中國近代史來看，中國人有超強的「國破家亡」的集體記憶，這是一種極其悲慘的記憶。鴉片戰爭後的一個世紀，中國經歷了這麼多次西方列強的入侵，這麼多的戰爭創傷，這麼多的戰爭賠款。我們的首都北京，在第二次鴉片戰爭時被佔領過、「八國聯軍」入侵時被佔領過、日本侵華戰爭時被佔領過，我們的土地上還發生了慘絕人寰的南京大屠殺。這些慘痛經歷給中國人帶來了一次又一次「國破家亡」的創傷。國家完了，中國人的家也完了。而像美國這樣的國家，它的大陸本土幾乎沒有遭受過外敵入侵，「二戰」時被日本人偷襲的夏威夷，離美國大陸很遠。對美國人來說，二〇〇一年發生的「九・一一」襲擊是美國大陸遭到的第一次直接襲擊——如果不算美國獨立戰爭的話。

抗戰時期還有一首歌曲，叫〈松花江上〉，詞曲作者叫張寒暉。他當時人在西安，看到日本軍隊佔領東北後，幾十萬東北普通百姓流亡到了西安，有感而發，做了這麼一首悲歌：「我的家在東北松花江上，那裡有森林、煤礦，還有那滿山遍野的大豆高粱。我的家在東北松花江上，那裡有我的同胞，還有那衰老的爹娘。」背後也是這種「國破家亡」的慘痛經歷。這能使我們更好地理解「家國同構」是中國人一種深層的心理結構。

西方勢力總是抹黑中國人的愛國主義。其實西方那種狹隘的民族主義和狹隘的愛國主義在歷史上一直是戰爭的禍水。西方民族國家誕生的歷史，就是一部血腥的戰爭史。無論是歐洲移民在美洲對印第安人的殺戮，還是拿破崙發動的「偉大的法蘭西民族」征服整個歐洲的戰爭，抑或是後來導致數千萬人陣亡的第一次世界大戰，以及「二戰」中希特勒「種族主義」和法西斯主義要征服世界的企圖，背後都有那種極端狹隘的民族主義作祟。

今天的世界雖然已經發生翻天覆地的變化，但我們還是需要十分警惕西方這種狹隘民族主義可能帶來的負面影響乃至災難。

二〇一六年當選的美國總統川普在就職演說中，左一個愛國主義，右一個愛國主義，甚至呼籲美國人只買美國貨，呼籲美國公司只僱用美國人，在場的美國聽眾不停高呼「USA！USA！」。今天世界上多數人都認為，這是一種狹隘的愛國主義和民族主義。在西方生活過的人都知道，「民族主義」、「愛國主義」在西方文化中是根深柢固的。美國一到國慶節家家戶戶都掛國旗，到處都在開國慶派對，但是西方國家卻習慣採用雙重標準，對中國人的愛國主義他們不能接受，認為是要搞擴張和侵略。這是顛倒黑白的。

中國國內也是一樣。國內一些親西方的人士甚至發明了「愛國賊」這個概念。創造「愛國賊」這個概念的人，反對的不是美國人的愛國主義，而是中國人的愛國主義。他們把一些在任何國家都可能出現的極端行為的個案進行誇張，詆譭中國人的愛國主義。「愛國賊」罵的不是「賊」，罵的是「愛國」。這樣做是不明智也是愚蠢的。

中國人的愛國主義傳統總體上是一個「文明型國家」的傳統。它不只是愛一個國家，也是愛一個偉大的文明，一個沒有中斷的、數千年延續至今的古老文明。它的內涵比西方一般意義上的愛國主義要豐富得多，深刻得多。

中國人基於家國情懷的愛國主義，對於西方以狹隘民族主義為基礎的愛國主義，是一種超越。我自己寫過一本書，書名叫《中國超越：一個「文明型國家」的光榮與夢想》，我在書中寫過這麼一段話，在這裡可以跟大家分享一下。我說，中國人的愛國主義是長江、黃河、珠穆朗瑪峰；是詩經、楚辭、先秦散文；是唐詩、宋詞、元曲、明清小說；是屈原、岳飛、文天祥、毛澤東；是普通話、四川話、廣東粵語、上海方言；是萬里長城、北京故宮、桂林山水、陝西兵馬俑；是川菜、粵菜、魯菜、淮揚菜；是西湖龍井、黃山毛峰、武夷岩茶、洞庭碧螺春；是〈梅花三弄〉、〈高山流水〉、〈二泉映月〉、〈春江花月夜〉；是四合院、廣東騎樓、徽派大院、江南民居；是崑劇、京劇、粵劇、黃梅戲；是南昌起義、平型關大捷、台兒莊血戰、抗美援朝；是兩彈一星、北斗導航、神舟號飛船、高鐵八縱八橫；是「己所不欲，勿施於人」、「四海之內皆兄弟」、「胸懷祖國、放眼世界」；等等。這是一種包容性極大的、既有個人志趣又有人類情懷的愛國主義。現在我們說的「人類命運共同體」背後也有我們「文明型國家」的偉大歷史傳承，特別是對「人類大同」理想的憧憬，這些都是中國「愛國主義」特別出彩的地方。

毫無疑問，中華民族偉大復興的精神力量之一就是愛國主義。中國近代以來的任何一種政治主張和社會思潮，只有與愛國主義結合起來才能為廣大人民所接受，才能轉化為改造社會的巨大能量。沒有愛國主義，中華民族不可能在一九四九年完成民族的建國大業；沒有愛國主義，中國的改革開放不可能取得今天這樣的成就；沒有愛國主義，中國不可能實現對西方和西方模式的超越。這個愛國主義的邏輯將在中國崛起的未來歲月中繼續不斷得到展現。

這使我想起了一九三五年，中共紅軍長征抵達陝北後，毛澤東在陝北召開了瓦窯堡會議，當時毛澤東說了這麼一番話：「我們中華民族有同自己的敵人血戰到底的氣概，有在自力更生的基礎上光復舊物的決心，有自立於世界民族之林的能力。」後來，我看到過傅作義的回憶，一九三六年他也在陝西，是國民黨的抗戰將領。他說，毛澤東先生講這句話的時候，他手下連八千人都不到，但他當時就敢說這樣的話。毛澤東的自信源於他堅信人民的偉力，堅信中國人民一旦動員起來，就一定可以創造人間奇蹟，果然，講完這番話後不到十四年，日本投降了，國民黨敗退台灣。一九四九年十月一日，他登上天安門城樓，宣佈中華人民共和國成立了。

中華人民共和國成立後，我們通過七十年矢志不渝的艱苦奮鬥，實現了中華民族的偉大崛起。回望中國崛起的歷程，我們的歷任最高領導人，毛澤東也好，鄧小平也好，習近平也好，都一直認為，中國應該對人類作出更大的貢獻，這是一種把愛國主義精神和國際主義精神結合在一起的中國人特有的「天下觀」。中國人從來就有「家事、國事、天下事，事事關心」的傳承；有「先天下之憂而憂，後天下之樂而樂」的古訓。隨著「中國夢」的不斷實現，中國人要為這個世界作出更大的貢獻，為人類作出更大的貢獻。

中國歷史上歷來有「王道」與「霸道」之辨。「王道」的核心是「仁政」，「霸道」的核心是強權政治。西方世界，特別是美國，迄今為止的邏輯幾乎都是「霸道」邏輯。在國際關係的實踐中，西方喜歡雙重標準，只許州官放火，不許百姓點燈，一切為了自己的利益，對其他國家往往不擇手段，可以政治上打壓、軍事上威脅、經濟上誘導、文化上滲透，無所不用其極，最後還保留直接軍事干預的權力。中國歷來主張「王道」，但它從和西方打交道的過程中也學會了一個道理：「王道」必須以實力為基礎，沒有實力，「王道」就是烏托邦，甚至使國家成為任人宰割的羔羊。而今中國已成為世界最大的經濟體之一，具有強大的國防力量，實行社會主義制度，並在此基礎上協和萬邦，實行「王道」，推動「共商、共建、共享」，推進「一帶一路」，在國際事務中更加有所作為，更多地主持正義和公道。中國確實是最有可能在國際舞台上實行「王道」的國家。從人類歷史的大勢來看，霸者可以氣勢洶洶於一時，但終將因為「霸道」而走向衰落，而實行「王道」者終將得道多助，贏得最為廣闊的世界。

據報導，前不久美國總統川普與美國前總統——九十四歲高齡的吉米．卡特——通了個很有意思的電話。卡特本人透露說，川普在通話中表示，他對「中國正超越我們」感到不安。作為在任期內與中國正式建交的美國總統，卡特先生對中美關係一直比較關注，二〇一九年一月他還給川普寫信，建議川普召集幾位「受人尊敬」的中國問題顧問，成立一個小組，在幕後協助他來改善美中關係。

卡特表示他認同川普關於「中國正超越我們」的說法，但他對川普說：「你知道原因嗎？我在一九七九年使對華外交關係實現正常化。你知道從那以後中國發動了幾次戰爭嗎？零。而我們一直在打仗。」卡特說美國在兩百四十二年的建國歷史中，僅有十六年沒有打仗，所以美國應該是「世界歷史上最好戰的國家」，「因為美國總是想迫使其他人採用美國的原則」。他還說，美國浪費了三兆美元在軍費開支上，「而中國沒有浪費一分錢在戰爭上，這就是他們在各個方面正走在我們前面的原因。如果美國拿出這三兆美元用於美國的基礎設施建設，我們將擁有高速鐵路、不垮塌的橋樑、良好維護的道路，還能剩下兩兆美元」。卡特說，相比之下，因為沒有戰爭，中國得以投資基礎設施和教育體系，中國已經擁有了世界最長運營里程的高鐵，美國擁有多長的高鐵？大家都知道的：零。

對於卡特前總統，我也直接接觸過，確實是美國歷任總統中對中國和中國文化比較瞭解的人。他講的中美兩國發展狀況的對比，在某種意義上不就是「王道」和「霸道」所產生的不同結果嗎？不就是我們古人講的「得道多助，失道寡助」產生的必然結果嗎？總之，中國人的愛國主義和天下觀包含了許多中華文明的智慧，中國人民從中受益良多，整個世界也將從中受益良多。

中國模式：獨樹一幟的穩健改革之路

二十世紀八〇年代中期，我在中國外交部翻譯室工作，翻譯室的主要工作是為黨和國家領導人做翻譯，這是很有挑戰性的工作，也是令我十分懷念的一段時光。那一代的中國領導人說話大都有很強的個性風格。比方鄧小平講「中國無非是塊頭大」；時任國家主席李先念說「我當過財政部長，甜酸苦辣我都嘗過」；時任人大常委會委員長彭真談「沒有毛澤東也會有毛澤西」。學過英文的人都知道，這類地地道道的中文表述最難翻譯。一是如何把握其準確含義，二是如何找到對應的英文表述。當時我們有一個做法，就是每個星期都有一兩次業務學習，大家把自己每天翻譯工作中碰到的問題匯總起來，然後譯成初稿拿出來一起討論，最後請翻譯室的幾位老專家定稿。回想起來，這是很管用的做法：群策群力，從初稿到最後定稿，採用民主集中制，最後編成一冊一冊的「翻譯難點」。我現在還留著不少，這些小冊子成為我們替領導人做口譯工作的寶典。

我們當時討論過鄧小平經常說的「中國模式」這個概念究竟怎麼翻譯比較好，當時有翻譯成「the Chinese model」的，也有翻譯成「the China model」的，還有翻譯成「the Chinese approach」的，等等，後來大家商定多數情況下還是翻譯成「the China model」，覺得這樣說語感比較對。後來國內學界和輿論界，就能否使用「中國模式」這個概念發生了激烈爭論，我個人對此還覺得挺奇怪的，因為這個概念我一直在用。

我是最早在學術層面提出「中國模式」的學者之一。我記得大約在十年前，《紐約時報》記者曾採訪我，問：你們高層有人說，沒有「中國模式」。我說，我研究後覺得有「中國模式」，中國有充份的言論空間，我不僅把我的觀點寫出來而且還發表了。

確實，當時中國的中央文件中使用更多的是「中國道路」這個概念，但現在「中國模式」這個概念也得到了廣泛使用。中國國家主席習近平在二〇一七年曾說過，「我們不『輸入』外國模式，也不『輸出』中國模式」；也就是說，「中國模式」的存在已經得到了確認，但我們不向外輸出這個模式。

那麼「中國道路」這個概念和「中國模式」這個概念，究竟有什麼區別呢？我個人認為兩個概念在狹義上有所區別。中國道路，更多一點兒意識形態色彩，指的是中國特色社會主義道路，與之相對的是資本主義道路。而「中國模式」這個概念則更加中性一點，主要指中國自己的一整套有關發展的做法和思路。不過在廣義層面上，我個人認為這兩個概念是相通的，都是指中國人自己的一整套做法、經驗、理念和制度安排。所以，就我個人而言，這兩個概念是混合、交替使用的。其實，「中國模式」這個概念，即「the China model」在國際交流中可能還更加方便一些，一講人家就懂。而「中國道路」迄今還沒有找到最佳的英文譯文，如果查谷歌（Google）「中國道路」，首先跳出來的可能是大量交通訊息——南京路、北京路，還有一條中國路，以及「一帶一路」等。另外，使用「中國模式」這個概念，也有利於國際比較，比如可以說中國模式與美國模式的比較，但如果說中國道路和美國模式，好像就不一定妥帖。

說「中國模式」，我們首先要澄清圍繞「中國模式」的幾種誤解。

第一種誤解認為中國模式是由外國人首先提出來的。現在不少文章都說美國學者雷默（Joshua Cooper Ramo）最早提出了「北京共識」（The Beijing Consensus），其中包含了對中國模式的概括。我們在基本肯定雷默先生對中國模式研究作出了貢獻的同時，也要知道早在一九八〇年鄧小平就明確使用過「中國模式」這個概念，並在二十世紀八〇年代多次使用，一九八八年鄧小平明確地說「中國有中國自己的模式」，而雷默則到了二〇〇四年才提出「北京共識」。「中國模式」是中國迅速崛起的關鍵，是中國重要的政治軟實力，把這個概念的發明權拱手讓給外國人，既不符合事實，也不符合中國自己的政治利益。

第二個誤解是認為「模式」意味著「示範、樣板」，因為我們不能把自己的模式強加於人，所以還是不用「中國模式」為好。「模式」這個詞確有「示範、樣板」的意思，但也有另一種被世界廣為接受的含義，即對某一種事物或現象所進行的概括性描述，大致上等於英文中的「a pattern of behaviour or phenomenon」（某種有規律的行為或現象）。所以「中國模式」指的就是對「中國自己一整套做法、經驗和思路」的經驗歸納。就像我們過去四十年中用過的「深圳模式」、「蘇南模式」、「溫州模式」、「浦東模式」，等等，指的就是對這些地區改革開放經驗的總結，毫無強加於人的意圖。我自己曾經於二〇〇六年在美國《紐約時報》國際版上撰文〈中國模式的魅力〉（The Allure of the Chinese Model），談中國模式對非洲產生的影響，我講的就是中國自己的「一整套做法和思路」，並沒有引起過別人的誤讀。

第三種誤解是強調中國模式還沒有完全成功和定型，談論中國模式還為時過早。其實，中國模式雖有不足，但已經取得了世界上絕大多數國家難以企及的成績，帶來了絕大多數中國人生活水準的巨大提高和中國的迅速崛起，中國模式已經震撼了世界。至於一種模式能否定型，這倒是可以商榷的。世界上任何國家的發展模式都是在特定的時空中展開的，都是在不斷發展和變化之中的，一旦認為它完全定型了，不用與時俱進了，那麼這個模式走衰的進程就開始了——這就是今天西方模式面臨的巨大困境。中國模式本質上是一種開放的模式，一種不斷自我完善的模式，一種與時俱進的模式，將繼續指導中國的進步，但其主要特徵已經形成，具有自身鮮明的特色。

以我自己的觀察，在中國國內主要有兩類不贊成中國模式的聲音。一類聲音是不贊成「模式」的提法。他們認同或者基本認同中國自己的一系列做法、經驗和理念，但認為應該用「中國道路」的概念，因為「模式」這個概念會給人一種發展道路凝固化的感覺，甚至一種強加於人的感覺。但如我上面所解釋的，「模式」的另一個重要含義就是一種經驗的客觀總結，這就解決了表述上的分歧。所以對於這類聲音，我沒有任何擔心。我們的分歧是表述措辭上的分歧，他們最終會接受「中國模式」這種表述方法。

還有一類聲音是不贊成甚至反對「中國模式」所包含的內容。這些聲音只認同西方模式，認為只要跟西方不一樣，就還沒有轉型到位。這類聲音否定中國模式也不奇怪，因為從他們的角度來看，中國怎麼能有自己的模式？世界上只有「放之四海而皆準」的西方模式。好在今天大多數中國人不信這個邪。坦率地說，過去四十年，要是中國人沒有自己的核心力量，沒有堅持自己獨特的發展道路和模式，那麼恐怕中國連國家都解體了，還談什麼中國崛起。

我的一位學者朋友曾這樣調侃後一類聲音。他說，批評「中國模式」主要有三個觀點。第一，中國還「不完善，還有很多缺陷」。然而，現實的世界怎麼可能有沒缺陷的完美國家呢？當然，有人認為美國完美無缺，美國的經驗完美無缺，所以可以有「美國模式」，不能有「中國模式」。第二，中國還處在「變化」中。然而，現實的世界怎麼可能有不變的國家呢？哪個國家在幾十年裡沒經歷巨大變化？當然，美國兩百年沒變，所以可以有「美國模式」，不可以有「中國模式」。第三，中國太特殊，經驗不能擴散，而且擴散有害。但是哪個國家的經驗不是特殊的呢？當然，美國不特殊，美國的經驗可以擴散，而且擴散了對他國無害，所以可以有「美國模式」，不可以有「中國模式」。這個調侃很能說明問題。從我自己的研究來看，照搬「美國模式」而成功的例子實在是天下難覓，失敗的情況卻比比皆是，連美國自己今天都陷入了巨大的經濟困境和政治困境，今天的「美國模式」恐怕更多是反省的對象，而不是照搬的榜樣。

下面，我簡單地和大家探討一下鄧小平是如何談論中國模式的。鄧小平主要從三個角度談論過「中國模式」：

一是從國際政治和經濟的角度，進行一般性的論述。比方說，鄧小平多次強調「世界上的問題不可能都用一個模式解決」。一九九〇年七月，他在會見加拿大前總理皮埃爾・杜魯道（Pierre Trudeau）時指出：「國際關係新秩序的最主要的原則，應該是不干涉別國的內政，不干涉別國的社會制度。要求全世界所有國家都照搬美、英、法的模式是辦不到的。」

二是評論國際共產主義運動、評論中國革命時，鄧小平多次說過「中國模式」。例如一九八〇年四月，鄧小平在接受外國記者電視採訪時指出：「一個國家的人民革命取得勝利，主要地依靠自己的力量，革命是不能像商品那樣隨意輸出或輸入的……任何一個國家的革命，任何一個國家的問題的解決，都必須根據本國的實際情況。」他也告誡：既然中國革命勝利靠的是馬列主義普遍原理同本國具體實踐相結合，我們就不應該要求其他開發中國家都按照中國的模式去做。他還說：「各國的事情，一定要尊重各國的黨、各國的人民，由他們自己去尋找道路，去探索，去解決問題，不能由別的黨充當老子黨，去發號施令。我們反對人家對我們發號施令，我們也絕不能對人家發號施令。這應該成為一條重要的原則。」這使我想起了六〇年代的中國和蘇聯之間的意識形態論戰，蘇聯要搞「老子黨」，中國就是不買賬，雙方必須相互平等、相互尊重。

三是談到中國改革開放以來形成的發展模式。一九八五年鄧小平會見加納國家元首羅林斯

（Jerry Rawlings），當時我擔任翻譯，鄧小平對加納客人說：「不要照搬我們的經驗」；「結合自己的情況去探索自己國家的發展模式就好。」一九八八年五月，他在會見莫三比克總統希薩諾（Joaquim Chissano）時又明確地說：「中國有中國的模式。」他說：「我們過去照搬蘇聯搞社會主義的模式，帶來很多問題。我們很早就發現了，但沒有解決好。我們現在要解決好這個問題，我們要建設的是具有中國自己特色的社會主義。」他建議莫三比克「緊緊抓住合乎自己的實際情況這一條。所有別人的東西都可以參考，但也只是參考。世界上的問題不可能都用一個模式解決。中國有中國自己的模式，莫桑比克也應該有莫桑比克自己的模式」。

讓我們簡單比較一下社會主義國家在改革方面所採用的不同模式。絕大多數社會主義國家採用了兩種改革模式：一種是「激進改革模式」，另一種是「保守改革模式」。

「激進改革模式」的特點是「雙休克療法」：以西方政治模式為藍本，一下子把一黨制變成多黨制；以西方經濟學教科書為藍本，一夜之間完成了所謂經濟自由化和私有化。「雙休克療法」的結果幾乎是災難性的。蘇聯領導人戈巴契夫（Mikhail Gorbachev）選擇了這種模式，結果蘇聯迅速解體，經濟全面崩潰，人民生活水準急劇下降。

在一九九〇年六月我曾去蘇聯考察，正是戈巴契夫大張旗鼓地推動他的激進改革模式的時候。到了蘇聯，真是感觸良多。我沒想到一個能生產原子彈、太空船的國家，竟然生產不出一雙好看的鞋子。當時在莫斯科最大的商場裡，女式皮鞋就是一兩種款式，從小號到大號，像是從一個模子裡壓出來的，人們還要排長隊買。街上的餐館非常少，吃飯很困難，到處都要排隊，中午的營業時間很短，從十二點到下午兩點，錯過時間就沒有飯吃了。蘇聯經濟顯然出了大問題。另外，我印象最深的就是，戈巴契夫當時在蘇聯人民的心中已經沒有威望可言，誰都可以拿他開玩笑。俄羅斯人有幽默感，蘇聯社科院的一位朋友給我講了一個笑話：有個人要去刺殺戈巴契夫，帶了一把槍去了克里姆林宮，但過了一會就回來了，人們問他怎麼了，他說，「想刺殺戈巴契夫的人排著長隊，我等不及了，只能回來」。一個大國的最高領導人，雄心勃勃地要進行一場大規模的改革，但自己的威信卻已蕩然無存，可以想像他的改革不會成功。

與之相對，「保守改革模式」是在政治上和經濟上堅持原有體制，計畫經濟為主，輔之以極為有限的市場調節。這些國家對市場經濟、全球化和互聯網充滿恐懼，始終未能建立起真正具有國際競爭力的經濟和政治體制，人民生活水準的改善速度很慢。以我個人的觀察，前些年的古巴大致就是這種情況。

二〇〇五年夏天我去古巴考察了十天，住在一個工程師的家裡，對古巴當時的「短缺經濟」感同身受。幾乎所有食品都需要票證，如豬肉、羊肉、大米、麵粉、食油、雞蛋，甚至連古巴盛產的食糖，也是配給制。我的房東把他的購貨本給我看，本上記錄了各種各樣的配給。我問房東，經濟困難是不是美國制裁造成的，他說這是一個原因，但也不這麼簡單，他比較中國進行的改革，說關鍵原因是政策不對，比如食糖，價格太低，糖農沒有積極性。另外，企業沒有任何自主權，不能進出口任何東西。

當時的古巴，也進行了一些市場調劑性質的改革，比如允許個體戶從事一些經濟活動，但一旦出現了所謂投機倒把、貧富差距擴大之類的問題，政府就開始緊張，然後就開始所謂的「糾偏運動」，結果經濟失去了活力。當然，古巴也有它的成就，比如它的配給制保證了公民基本的生活水準。古巴是根據人的營養需求，特別是卡路里攝入量來安排配給的，在開發中國家，你往往會看到很多營養不良的人，特別是兒童，但古巴似乎沒有這個問題，配給制保證了人民基本的營養標準。另外，儘管經濟非常困難，古巴還是實現了全民醫療的最低保障。不過，從當時和古巴朋友的聊天中，我可以感受到當時的古巴已經人心思變，人們已經很公開地談論中國模式了，包括相當級別的官員。今天古巴領導人更是積極主張學習中國經驗，中古關係也進入了非常好的時期。

比較下來，中國避免了「激進改革模式」，也避免了「保守改革模式」，立足自己的國情，探索出了一種我稱之為「穩健改革模式」的道路。一九八七年十月，鄧小平會晤了來華訪問的匈牙利社會主義工人黨總書記卡達爾（János Kádár）。當時東歐和蘇聯的動盪已經初現，鄧小平向他提出忠告：不要照搬西方的做法；不要照搬其他社會主義國家的做法；不要丟掉自己制度的優越性。卡達爾本人是贊成鄧小平觀點的，但他黨內的同事與他意見迥異，主張在匈牙利進行「徹底的政治改革」，使匈牙利變成「民主社會主義的實驗室」，結果就有了後來政治和經濟上的「雙休克療法」及其嚴重的後果。

現在看來鄧小平當初對卡達爾講的三條意見，就是對中國模式總體思路的一個很好概括：不照搬西方，不照搬其他社會主義國家，也不放棄自己的優勢。中國在這「三不」的基礎上大膽探索體制創新，大膽學習和借鑑別人的長處，同時也發揮自己的優勢，逐步形成了自己的發展模式。鄧小平推動的是「穩健改革模式」，其最大特點是大規模經濟改革，輔之以必要的政治改革，為經濟改革鋪平道路，最終落實到民生的顯著改善。在經濟改革方面，中國借鑑了西方的市場經濟之長，發揮了市場支配資源的效率，但也發揮了社會主義宏觀平衡的優勢，使中國成為世界上唯一沒有陷入金融危機和經濟危機、人民生活水準大幅提高的主要經濟體，現在還走到了世界第四次工業革命的前沿。

中國模式的八個特點

中國古人說：「讀萬卷書，行萬里路。」這是很有道理的。讀書是學習，實地調查研究也是學習，而且往往是更重要的學習，特別是做政治學研究，一定要對政治有感覺，一定要有實地調查研究的基本功，躲在象牙塔裡，從書本到書本，是出不了真學問的。二〇〇七年，我在德國參加過一場中國問題研討會，由我主講中國的崛起及其國際影響。講完後互動，一位歐洲學者問我：「您認為中國什麼時候可以實現民主化？」我問他：「您的民主化概念怎麼界定？」他不耐煩地說：「這很簡單：一人一票，普選，政黨輪替。」說完還補充了一句：「至少這是我們歐洲的價值觀。」我問他：「您知不知道中國人也有自己的價值觀？其中之一就是實事求是，英文叫做『seek truth from facts』，也就是從事實中尋找真理。」我接著說：「我們從事實中尋找了半天，就是沒有找到開發中國家可以通過您所說的這種民主化而實現現代化的例子。我走訪了一百多個國家，還沒有找到。」我隨即客氣地請他提供一個這樣的例子。他一下子回答不上來。

我說：「您可以想一下，再告訴我。」這時，一位美國學者舉手，大聲說：「印度。」我問他：「您去過印度嗎？」他說：「沒有。」我說：「我去過兩次，我的感覺是印度比中國要落後至少二十年，甚至三十年。我在孟買和加爾各答兩個城市裡看到的貧困現象比我在中國二十年看到的加在一起都要多。」

另一位學者問：「波札那？」我問：「您去過沒有？」他說：「沒有。」我說：「我去過，當時這個國家的人口才一百七十萬。波札那確實實行了西方民主制度，而且沒有出現過大的動亂。這個國家資源非常豐富，民族成份相對單一，但即使有這麼好的條件，波札那仍是一個非常落後的開發中國家，在相當長的時間裡人均壽命不到四十歲，因為愛滋病嚴重失控。」

這時，又一位學者問：「那麼哥斯大黎加呢？」我問他：「您去過這個國家嗎？」他的回答也是：「沒有。」我說：「我在二〇〇二年考察了這個國家。那也是一個小國，人口才四百多萬。相對於中美洲其他國家，哥斯大黎加政治比較穩定，經濟也相對繁榮。這個國家百分之九十以上的人口是歐洲人的後裔，各方面的起點不低。可惜哥斯大黎加至今仍是一個相當落後的國家，而且貧富差距很大，人口中百分之二十還處於貧困狀態，首都聖荷西給人的感覺更像個大村莊，有很多的鐵皮屋、貧民窟。」

印度、波札那、哥斯大黎加，在相當長的時間內，是西方國家津津樂道的所謂採用西方模式而比較成功的國家。但實地走一走，看一看，特別是以中國人的眼光、視角和標準審視一下，就會知道很多西方人做的學問，實在是不敢恭維——錯得離譜，怎麼叫人信服。走的地方多的最大好處，就是不大會被別人忽悠。我們之所以敢於對西方荒謬的話語頻頻反駁，就是因為我們對中國的把握，對外部世界的把握，比他們扎實。

我隨後反問他們：「還有什麼例子嗎？」「要不要讓我來舉出西方民主化模式在開發中國家不成功的例子？舉十個、二十個，還是三十個，或者更多？」我當時簡單談了一下美國創建的民主國家菲律賓、美國黑人自己在非洲創立的民主國家賴比瑞亞、美國家門口的國家海地。後來我把這段經歷寫成文章，放在我的博客上，點擊量很高。中國沒有採用西方模式而迅速崛起，給整個世界帶來了震撼。那麼中國模式究竟有哪些特點呢？我談談我自己的看法。

中國模式主要有八個特點，即實踐理性、有為政府、穩定優先、民生為大、漸進改革、混合經濟、對外開放、三力平衡。這些特點也是我對過去四十年中國改革開放經驗的總結。之前我們討論了中國作為「文明型國家」的四大特徵，也就是超大型的人口規模、超廣闊的疆域國土、超悠久的歷史傳統、超豐富的文化積澱。這「四超」有點像人的基因圖譜那樣，大致決定了中國模式的以上八個特點。下面，我分別對這八點作一些解釋：

第一，實踐理性。中國模式的哲學觀主要是實踐理性，也就是在「實事求是」思想的指導下，一切從實際出發，不搞本本主義（教條主義），不斷總結和汲取自己和別人的經驗教訓，推動大膽而又慎重的體制改革和創新。中國人從對事實的檢驗中發現：在開發中國家實現現代化方面，蘇聯集權模式沒有成功，西方民主模式也沒有成功，中國因此而決定大膽地探索自己的道路，改革束縛中國發展的各種制度和做法，借鑑人類文明創造的一切成果，並逐步摸索出了一條適合中國民情、國情的成功之路。

大概是由於這種哲學觀上的巨大差異，西方主導的改革一般都從「條文」開始，修改法律、修改有關規定，最後才落實到行動。中國的做法正好相反，中國一般是從「試驗」開始，改革措施先在小範圍內試點，成功了再推廣，然後再制定相關的規定、法律。中國模式的實踐理性的最大好處，就是使中國避免了一個又一個政治和經濟陷阱，特別是避免了震盪療法、全盤私有化、金融危機、偽「民主化」等可能導致國家制度崩潰和國家解體的重大陷阱，實現了中國今天的全面崛起。

第二，有為政府。作為「文明型國家」，中國有著完全不同的歷史傳承。中國在過去兩千多年的歷史長河中，大都是統一的執政集團執政。「文明型國家」是一種「百國之和」的國家，是由歷史上成百上千個國家慢慢整合而成的，領導這樣國家的執政團體如果只代表部份人或部份地區的利益，國家就會走向混亂和崩潰。

中國的有為政府及支撐它的黨政體制，本質上是中國這種源遠流長的統一執政集團傳統在新的歷史條件下的延續和發展。在中國的政治體制中，中國共產黨的作用是「領導核心」，負責「總攬全局，協調各方」，從而徹底解決了中國傳統社會長期存在的「一盤散沙」局面。

縱觀整個開發中世界，凡是採用了西方模式的國家，它們面臨的最大問題就是諾貝爾經濟學獎得主繆爾達爾（Karl Gunnar Myrdal）所說的「軟政府」問題。「軟政府」的執行能力極弱，政府被各種既得利益綁架，政客們沒完沒了地扯皮，往往連修建一條公路的共識都難以達成，結果就是國家的現代化事業舉步維艱，人民生活遲遲得不到改善，更不要說趕超已開發國家了，而中國的強勢、中性、有為政府則較好地解決了這個問題。在過去數十年中，中國完成了人類歷史上最大規模的工業革命和社會革命，並與西方同步進入了資訊社會，甚至在不少領域內已經走在世界的前列。當然，政府在經濟事務中應該有所為，有所不為，有所抓，有所放。但是在中國特定的政治文化中，即使是政府職能的轉化與弱化，往往也要靠中國的黨政體制和強勢政府來推動，中國改革開放過程中政府主動地、大範圍地放權就是這個道理。

第三，穩定優先。我們較好地處理了穩定、改革和發展三者之間的關係。中國是一個人口眾多，人均資源有限的國家，這就容易引起圍繞資源的競爭，造成不穩定。另外，「百國之和」形成的巨大版圖使中國有著比一般國家複雜百倍的地域文化差異和民族文化差異，稍微處理不當，就容易引起各種矛盾甚至衝突。中國的穩定，至今還受到內部分裂勢力和外部敵對勢力的威脅。多少西方勢力都在期盼著西藏「獨立」、新疆「獨立」、台灣「獨立」，期盼著中國會像蘇聯和南斯拉夫那樣解體。中國共產黨的堅強領導、中國人源遠流長的「大一統」情結、中國正在形成的世界最大的統一市場等因素，決定了西方這種企圖終會落空。

「文明型國家」的超大型規模也意味著其國內的不穩定因素一定多於一般國家。這種不穩定因素可能造成的破壞性也更大，所以穩定優先是改革開放最高領導人鄧小平留給中國的偉大政治遺訓。鄧小平在一九九二年南方談話時還深有感觸地說過，「歷史給予中國發展的機會不多，國家垮起來可是一夜之間啊，垮起來容易，建設就很難」，「亂了十幾年都恢復不過來」。這是鄧小平憑藉自己豐富的政治閱歷，總結了中國歷史和世界歷史的經驗教訓後得出的深刻結論。

反過來看，「文明型國家」也展示了這樣一種文化傳承：只要國家保持政治穩定，並執行比較開明的政策，人民就會勤勞致富、豐衣足食，因為中國人有世界上最強的勤勞致富的傳統。無論在國內還是在海外，只要有了穩定，大多數中國人都能通過辛勤勞作，逐步富裕起來。中國文化中把「太平」和「盛世」聯繫在一起，就點出了這個道理。只要中國穩定了，發展了，很多問題都可以在發展中逐步解決。

第四，民生為大。中國歷史上有數千年的民本經濟傳統，有「民惟邦本，本固邦寧」的古訓，也就是說人民是國家的基石，只有鞏固國家的基石，國家才能安寧，而民生問題解決得好壞，將決定一個國家的前途命運。在過去漫長的自然經濟狀態下，「民以食為天」、「人人有飯吃」一直是中國歷代政府面臨的頭等大事。改革開放初期最大的壓力也是如何解決廣大人口的吃飯問題，後來提出的實現「溫飽」、「小康」、「全面小康」、「兩個一百年」等目標，都是這種民本思想的延續和發展。

中國過去四十年的一條重要經驗就是：一個開發中國家一定要以民生為大，把消除貧困、改善民生當作核心人權來推動，因為貧困，特別是赤貧，損害了人的起碼尊嚴和權利。從這樣的理念出發，中國大力推進民生的改善，特別在消除貧困方面，取得了舉世矚目的成績。據聯合國統計，過去四十年中，中國脫貧的人數佔世界脫貧人數的近百分之八十。世界上仍然有十來億人生活在赤貧之中，而西方模式解決不了開發中國家最基本的民生問題，大量的人力、財力、物力都被政客用於搞政治，搞互相爭權奪利的所謂「民主化」。結果是「大象打架，草地遭殃」，民生受到損害。

第五，漸進改革。在中國這樣一個人口眾多、地域遼闊、情況複雜的國家裡，決策者面臨的最大挑戰是資訊不足，資訊不足也意味著決策風險很大。在這樣的情況下，中央政府比較注意發揮條條塊塊的積極性，鼓勵各種各樣的試驗，試驗成功了再推廣。中國的傳統智慧，如「摸著石頭過河」、「欲速則不達」等，也被用來引導中國的漸進改革。實踐證明這是一條行之有效的成功之道。這裡要補充的是，漸進不一定就是慢。恰恰相反，中國改革開放的總體戰略是漸進的，但各項具體措施往往是立竿見影的。比如說，中國的對外開放戰略從建立四個沿海經濟特區開始，在總體戰略上，這是漸進，但就建立特區本身而言，則很快就作出了決定，而且很快就開始了實施，效率非常高，體現了漸進改革戰略指導下的中國速度與效率。

漸進改革也包括確立了比較正確的順序差異。改革在多數情況下不求一步到位，而是分輕重緩急。回頭看我們走過的路，過去四十年改革開放形成了一個清晰的順序格局：先農村，後城市；先沿海，後內地；先經濟，後政治。絕大多數改革並不謀求一步到位，甚至有時候會出現進兩步退一步的情況，但總體上中國保證了改革的持續性，出現的問題得以逐步改善，最後通過逐步積累來完成改革大業。這種方法符合中國人口眾多、幅員遼闊、內部差異巨大的國情。

第六，混合經濟。中國現在的經濟體制是「社會主義市場經濟」，這種經濟體制本質上也是一種混合經濟。它是「看不見的手」與「看得見的手」的混合；是市場力量和政府力量的混合；是國有經濟和民營經濟的混合。總體上看，我們已經確立了社會主義市場經濟體制，既發揮了市場經濟支配資源的高效，也確保了社會主義宏觀整合的長處，同時拒絕了「市場原教旨主義」。

中國改革開放四十年中，中央政府發揮著對這個超大型國家提供宏觀指導和保證穩定平衡的作用，而各級地方政府通過稅收、土地和政策等資源，吸引投資，推動了地方的收入、就業和社會繁榮，最後促進了整個國家的迅速崛起，可以說中央政府和地方政府都是推動中國經濟發展的發動機。同時，中國民營經濟迅猛發展，今天為中國經濟貢獻了百分之五十以上的稅收、百分之六十以上的國內生產總值、百分之七十以上的技術創新成果、百分之八十以上的城鎮勞動就業和百分之九十以上的企業數量。

我記得，二〇一六年「雙十一」那天，我正好在英國牛津大學談中國模式。我拿著我的手機說，今天是中國的「雙十一」，網上交易額是一千兩百零七億元人民幣，這是什麼概念？中國阿里巴巴這一家公司一天的網上交易額，就超過了印度二〇一五年全年的網上交易額。英國學者說，這正好說明阿里巴巴作為民營公司的巨大成功。我說，對，但不完全。更重要的是它說明了中國混合經濟模式的巨大成功。馬雲本人的智慧、阿里巴巴本身的開拓精神固然十分重要，但我們還要看到中國國家網路治理的整體安排，否則中國市場恐怕就不是百度、騰訊、阿里巴巴的天下，而是美國亞馬遜（Amazon）、臉書（Facebook）、推特（Twitter）的天下。此外，阿里巴巴的成功還有賴於國家大力投資的4G技術和遍佈中國的4G基地台，以及國家投資的一流基礎設施，特別是世界最大的高速鐵路網和高速公路網、村村通公路的工程，還有國家投資的5G研發和部署，更不要說國家常年對電力和教育的大量投資，等等。這一切幾乎完美地說明了中國混合經濟模式的巨大成功。當然，混合經濟模式還有許多改進的餘地，通過改革，可以做得更好。

第七，對外開放。過去四十年，中國全方位對外開放戰略獨具特色：先是沿海開放，後來是沿江開放，沿邊開放，然後是整個內地的開放，現在中國已經形成了東西南北中全方位開放的格局。「冷戰」時期，美國有意識地要把蘇聯陣營排除在世界市場之外，而史達林推行的「兩個世界市場體系」（社會主義市場體系和資本主義市場體系）正中了美國下懷。鄧小平的戰略不一樣，他認為中國近代落伍的主要原因就是閉關自守，所以他大力推動中國全方位開放，融入國際市場，參加國際競爭，在國際競爭中改進自己，發展自己，並有選擇地適應外部世界，有選擇地學習別人的經驗，但以我為主，絕不盲從。

這種高度開放政策背後的自信心也來自中國的歷史傳承：中華文明只要對外開放，就可以煥發活力，推陳出新。歷史上是這樣的情況，今天還是這樣，今後還會是這樣。對外開放激活了中華文明的所有要素，使中國這個「文明型國家」通過國際互動、借鑑、碰撞、競爭而面貌煥然一新。與此同時，對外開放也使我們更好地瞭解了外部世界存在的種種問題，使我們確立了更多的政治自信和文化自覺，中國智慧可以為人類作出自己的貢獻。

第八，三力平衡。中國模式的最後一個特點是中國的政治、社會、資本三種力量基本上實現了一種有利於絕大多數人利益的平衡。這個特點在與美國模式進行比較時可以看得更為清楚。美國人說它的政治制度尤其是所謂的「三權分立」制度如何好，但它制度中的三權（立法、司法、行政）本質上都屬於政治領域的權力，而在政治領域之外，還有經濟領域和社會領域。這三個領域又衍生出政治、資本和社會三種力量。在強大的資本力量下，美國的政治力量缺少必要的獨立性和中立性，美國的資本力量在很大程度上完成了對社會力量的滲透，特別是對主流媒體的控制、對社會議題的設置等。這應該是過去二十來年美國多數人生活水準沒有提高，「美國夢」風光不再的主要原因。

與此形成鮮明對照的是中國。資本力量的長處，在於它能創造財富、展現效率。隨著改革開放，資本的力量迸發，中國人創造了財富增長的世界奇蹟。但資本力量也有副作用，如果沒有必要制約的話，資本逐利性的特點會導致社會高度兩極分化，以及金融危機和實體經濟危機。而在中國模式下，資本力量總體上是受到政治力量和社會力量的某種規範和制約的。

從中國的制度安排來看，中國政治力量的相對強勢、中性和有為，在受到社會力量和資本力量必要制約的同時，大致維持了自己規範和引領資本力量和社會力量的能力，這應該是中國過去四十年崛起比較順利的關鍵原因，也是中國大多數人生活水準迅速提高的主要原因。隨著中國的進一步崛起，我們將會看到，中國模式的這一特點對於中國超越西方和西方模式具有決定性的意義。

現在中國模式在國際上很受重視，不少國家希望學習中國模式，但坦率地說，借鑑一些中國經驗是可以的，但照搬中國模式是不行的。一個重要原因在於中華人民共和國是打仗打出來的，中國共產黨獨立領導了長達二十二年的武裝鬥爭才建立了中華人民共和國，之後又與美國打了兩仗——韓戰和越戰。所以中國有高度的政治獨立性和強大的國防力量，還有獨立的科技體系和完整的工業體系。中國是可以對美國說「NO！」的國家，一般國家做不到這一點，特別是開發中國家。從這個意義上，我們可以更好地理解前三十年和後四十年的關係。不過，中國的許多理念和具體經驗仍然對外部世界很有啟發，如「實事求是」、「民生為大」、「先試驗再推廣」的做法，中國各種「工業園區」的實踐、中國各種發展規劃的制定等，對世界上許多國家都會有所啟發，如今這些經驗已經在許多「共建一帶一路國家」廣受歡迎。

中國為什麼能夠和平崛起

二〇一九年是中華人民共和國成立七十週年，令人感嘆萬千。從宏觀視角看，這是人類歷史上第一次一個社會主義國家，從一窮二白的起點出發一躍成為世界第二大經濟體。這裡的「第二」還是根據美元官方匯率計算的，如果根據購買力平價計算，早在二〇一四年，中國就已經成為世界最大的經濟體。如此前所說，中國崛起是「集四次工業革命為一體」的崛起，在這一崛起中，中國形成了世界最完整的產業鏈，成為世界最大的貨物貿易國，擁有世界最大的外匯儲備，創造了世界最大的中產階層——按照世界銀行的計算為四億人，超過了美國整個國家的人口。中國還向全世界輸出了最多的遊客，二〇一八年約為每年一億五千萬人次。中國基本實現了全民的養老和醫保，雖然水準參差不齊，但這個覆蓋率美國迄今還做不到。

從微觀的視角來看，多數中國人經歷了一個快速變遷的時代，其豐富和精彩程度明顯地超過同時代的外國人。「集四次工業革命為一體」的崛起給中國人帶來了難得的生命體驗，我們經歷了從農業文明到工業文明，再到資訊文明的迅速變遷。我們先是在第一次工業革命中體驗到「中國活起來了」，然後在第二次工業革命中，體驗到「中國亮起來了」，又在第三次工業革命中體驗到「中國連起來了」。而今第四次工業革命才剛剛開始，我們已經身處世界的「第一方陣」，而且前景看好，更精彩的故事還在後面。

與西方國家相比，中國崛起的最大特點就是和平。我們沒有發動戰爭，沒有掠奪別人的資源，但我們在人類歷史上，在最短的時間內實現了最大多數人福祉的最大提高，我們還成了帶動整個世界經濟增長的火車頭。連續很多年，中國對世界經濟增長的貢獻都超過百分之三十，超過美國與歐洲之和。

回顧歷史，西方國家的崛起過程幾乎就是一部戰爭史。他們對外擴張、殖民，掠奪別人的財富和資源，建構有利於自己的世界貿易體系。相比之下，中國的和平崛起實屬不易：中國發展所需要的原材料是按市場價格買來的，不是搶來的；中國的產品是根據國際合同賣出去的，不是通過戰爭向他國傾銷的；中國還是一個人均資源相當短缺的國家，一切資源都要麼靠自己開採，要麼靠等價交換。

那麼為什麼中國能夠實現和平崛起呢？原因應該有很多，我想和大家簡要地探討八個原因。

首先是中國的制度優勢。中華人民共和國前三十年社會主義建設所奠定的基礎，包括政治制度的確立、農村基層組織的建立、比較完整的工業體系的建設、獨立的國防體系和科技體系的建設，以及土地改革、婦女解放、教育普及、基本醫療等社會事業，為中國的和平崛起創造了必要的初始條件。中國社會主義的戰略規劃能力和宏觀整合能力，保證了中國的安定團結和有序發展；中國的基礎教育為中國崛起提供了世界最充沛的優質勞動力，培養了世界最大的工程師團隊；誰也沒有想到，中國土地所有權的公有和後來的土地使用權多樣化，使中國形成了世界最大的有產階層；中國實現了最大規模的城鎮化，建成了最大規模的高速公路網和高鐵網，中國的基礎設施水準達到了世界一流。

第二，時代定位。中國人說，人無遠慮，必有近憂。每到一個歷史轉折點，我們都要對自身所處的時代大勢作出一個總體判斷。二十世紀八〇年代，本著實事求是的精神，中國調整了過去對時代的判斷，從「戰爭與革命」調整為「和平與發展」。我們過去曾認為戰爭不可避免，所以國內建設側重鋼鐵等重工業，或多或少忽視了輕工業；但隨著時代的發展，中國領導人作出了新的判斷：和平力量的發展超過了戰爭力量的發展。此外，在一九八七年舉行的中國共產黨的十三大上，中國又正式作出了將長期處於「社會主義初級階段」的定位。

我總是強調一個觀點：一切在於國際比較，國際比較可以幫助我們更為深刻和全面地理解許多問題。我們可以看一下過去數十年西方對時代的定位。他們認為這個時代是所謂的「第三波民主化浪潮」時代，他們不遺餘力地推動「顏色革命」和「阿拉伯之春」，結果是「顏色革命」迅速褪色，「阿拉伯之春」變成「阿拉伯之冬」，最終導致中東難民大量湧入歐洲，攪亂了歐洲政壇，只能說西方是「搬起石頭砸自己的腳」。

蘇聯當時對時代的定位是什麼?蘇聯領導人布里茲涅夫（Leonid Brezhnev）說蘇聯進入了「發達的社會主義」時代。後來的戈巴契夫也很天真，認為世界進入了「全人類價值高於一切」的時代。布里茲涅夫的定位，導致了「假大空社會主義」；戈巴契夫的定位，說明他是被西方所謂的「普世價值」忽悠——「全人類價值」應該由世界人民來共同界定——被忽悠的結果就是國家解體、經濟崩潰，蘇聯人民七十來年社會主義積累的大量財富被西方洗劫一空，蘇聯男性的平均壽命下降到六十歲以下。由此可見，「時代定位」十分重要，否則會犯「顛覆性錯誤」，甚至「一失足成千古恨」。

第三，合作共贏。中國不以意識形態劃線，走和平發展與合作共贏之路，推動全方位的對外開放，既對西方國家開放，對蘇聯陣營和原蘇聯陣營國家開放，也對整個第三世界國家開放。中國的合作共贏政策體現在中國加入世界貿易組織及其帶來的變化。世界貿易組織是全球最大的多邊貿易體制，中國的加入促進了各種生產要素和產品在全世界的配置和流通，使中國一躍成為世界最大的貨物貿易國，也使世界各國人民享受到中國和平崛起帶來的紅利。中國執行的是一種「嵌入式合作共贏的發展模式」，這使中國成為世界經濟產業鏈中絕對不可或缺的重要組成部份，使中國與世界上主要國家形成了你中有我、我中有你的利益格局。這顯然減少了大國軍事對抗的風險。川普當政後的中美貿易摩擦，中美雙方都會受損，但美方受損將更大：美方即便開始時氣勢洶洶，最終會發現只能繼續維護雙方互利共贏的貿易格局。

在合作共贏的理念下，中國今天還積極推動建設「一帶一路」。中國人踐行「共商、共建、共享」的黃金原則，帶動了開發中國家的工業化，推動了整個世界走和平發展與合作共贏的道路。以中國經濟今天的體量，以開發中國家今天整體崛起的速度，以合作共贏理念所得到的廣泛支持，儘管西方主要國家搞保護主義和「逆全球化」，但最終結局將更可能是「得道多助，失道寡助」。形勢比人強，少數西方國家最終將不得不做出調整，以適應變化的世界潮流。

第四，趨利避害。中國是經濟全球化的最大受益者之一，這一成果來之不易。回望這些年西方主要國家推動的全球化，其本質上是新自由主義的全球化，它既是經濟的，又是政治的，包含了所謂的「自由化、私有化、市場化、民主化」等。中國的領導人從鄧小平到江澤民到胡錦濤到習近平都認為，經濟全球化是歷史大勢，中國應該順勢而為。但全球化也是一把雙刃劍，處理得好，會給人民帶來福祉，處理得不好，會帶來災難，甚至中斷中國和平發展的進程。所以在對外開放的過程中，中國採取了趨利避害的戰略。

中國明確把全球化界定為經濟全球化，而非政治全球化。中國不僅不放棄社會主義，而且還用社會主義的優勢來駕馭西方主導的新自由主義全球化，這使中國在全球化過程中脫穎而出，超越資本主義，使大多數中國百姓成了全球化的受益者。相比之下，許多國家在擁抱全球化後，卻經歷了一場接一場的危機，往往不是他們「利用」了外資，而是整個國家的經濟命脈都被外國資本控制，百姓財富被華爾街金融大鱷洗劫一空，甚至國家陷入了分裂和戰亂，如南斯拉夫、蘇聯、敘利亞、利比亞和葉門。

中國對互聯網革命，也採取了大力推動、趨利避害、民生導向的方針，拒絕了西方把互聯網政治化、變成「顏色革命」陣地的企圖，使中國互聯網在中國大地上獲得了勃勃生機，極大地豐富和方便了中國人民的生活，也使中國成為世界上唯一一個實現了「一部手機、全部搞定」的國家，從而走到了全球新技術革命的最前沿。

第五，內涵增長。作為一個超大型國家，中國的和平發展面臨著超級繁重的任務，面對著人口、資源、環境和社會發展的巨大壓力。中國立足於通過自己內部的經濟、社會、政治改革，不斷解放生產力，找到解決各種難點和矛盾的辦法。中國特色社會主義在某種意義上就是探討方方面面解決各種難題的中國方案，從而形成了一整套中國方案和中國智慧，如中國特色的工業化道路、中國特色的城市化道路、中國特色的農村現代化道路、中國特色的節約型社會、中國特色的環境友好型社會、中國特色的學習型社會，等等。

實踐證明，中國人相信「危」也是「機」，相信挑戰就是機遇，中國和平發展的過程就是一個不斷克服各種挑戰的過程。十年前春運十數億人次返鄉還是我們交通面臨的最大難題，但隨著高鐵「八縱八橫」和世界最大高速公路網的建設，春運如今已經變成了展示中國技術、中國管理和中國人「家國情懷」的一張名片。

中國大力推動產業升級和消費升級，使中國經濟由主要依靠外需拉動轉入以內需拉動為主，對外開放由出口和吸收外資為主，轉向進口和出口，吸收外資和對外投資並重。這種內涵式增長和發展為主的道路正愈走愈寬廣。隨著中國成為世界最大的消費市場，內涵式增長有助於我們保持定力，「有理、有利、有節」地應對各種外部風險和挑戰。

第六，跨越發展。從西方列強崛起的歷史來看，新技術和工業革命的出現往往也是競爭加劇、戰爭頻發的時刻。以蒸汽機和紡織工業為代表的工業革命，和以電氣為代表的第二次工業革命，都加劇了西方列強之間為資源和市場而展開的爭奪和戰爭。由於歷史的原因，中國錯過了第一次工業革命和第二次工業革命。可以說，改革開放的四十年也是中國奮發「補課」的四十年。我們以大約每十來年完成一場工業革命的速度，一路追趕過來，實現了前面所講的「集四次工業革命為一體」的跨越式發展。

中國之所以注重跨越式發展，一個重要原因是像中國這麼一個超大型國家的和平發展，必然受到生態、環境、能源等各種條件的制約，中國不可能也肯定不會走西方列強殖民擴張的老路，在這個意義上，自然條件和外部條件決定了中國的和平發展只能走創新發展之路，超越舊式的工業化，實現新型工業化。這是一條充滿艱辛的探索與奮鬥之路，是人類社會從來沒有嘗試過的一項壯舉，但中國人就是這麼一路打拚，硬是憑著自己的勤勞、智慧、勇氣，甚至至犧牲，最終使

「不可能成為可能」。

第七，安全保障。和平崛起需要安全保障，中國和平崛起的保障來自我們強大的國防，來自意識形態安全，來自我們的「總體安全觀」。對於故意挑起各種爭端的敵對勢力，中國國家主席習近平說過，「中國人民不信邪也不怕邪，不惹事也不怕事，任何外國不要指望我們會拿自己的核心利益做交易，不要指望我們會吞下損害我國主權安全、發展利益的苦果」。這就是中國和平發展道路的「底線」和「紅線」，這有助於國際社會全面深刻地理解中國的和平發展道路，避免對中國的意圖和原則產生誤判。

最後就是中國人的「文明基因」。中國人民珍愛和平，走和平發展道路有著深邃的歷史文化底蘊。在過去兩千多年的歷史長河中，中國在多數時期內是世界上最大的經濟體，發展水準遠遠高於同時代的西方國家，明朝鄭和下西洋的船隊規模百倍於哥倫布發現美洲大陸的船隊規模，但當時的中國沒有對外擴張和殖民。中國人的古訓歷來是「國雖大，好戰必亡」，中華民族歷來主張「和為貴」、「和而不同」、「己所不欲，勿施於人」。近代的中國又經歷了長達百年的西方入侵和民族屈辱，深知強權之可惡、和平之寶貴。也正因為這樣，中華人民共和國成立以來，中國一直鄭重承諾，即使發展強大起來，中國也不會稱霸。

中國成功實現了和平崛起，這對世界格局的未來發展將產生深遠影響。「二戰」後，世界反對殖民主義的民族獨立運動風起雲湧，但西方大國通過自己的實力，構建了一個龐大的「中心－外圍」二元依附體系，即西方大國處於「中心」，廣大新獨立的開發中國家處於「外圍」，大都只能生產初級產品和原材料。這種「中心－外圍」的依附關係又被剝削成為「外圍供養中心」的格局，「中心」國家掌控著「外圍」國家的經濟命脈，賺得盆滿缽滿，「外圍」國家則遲遲發展不起來。但中國的和平崛起實質性地突破了這種「中心—外圍」結構，中國作為開發中國家正迅速地邁向世界經濟和政治舞台的中央。作為單獨一極，中國既是「中心」國家最大的貿易、投資和技術夥伴，也是「外圍」國家最大的貿易、投資和技術夥伴，原來的「二元依附格局」正在變成「三元互動格局」，並且中國還是這個格局中極具主動權的一方，是影響「中心」與「外圍」的關鍵力量，這為我們推動「一帶一路」走向成功奠定了重要基礎，也有利於推動現有國際政治和經濟秩序的改革，有利於推動國際社會多數成員一起走和平發展之路，一起努力構建人類命運共同體。

第三章

中國價值：
好民主才是好東西

用中國話語把中國的事情說清楚

二〇一六年，中國國務院通過了「八縱八橫」的高鐵規劃，中國速度震撼世界。「四縱四橫」的說法已經成為歷史，「八縱八橫」翻開了中國高鐵的新篇章，中國的高鐵運營里程在二〇一七年底已經達到兩萬五千公里，佔世界高鐵總運營里程的三分之二。按照這個新規劃，二〇二五年中國高鐵運營里程數將達到三萬八千公里。

談到中國高鐵的巨大成就，我想起了八年前的一段往事。八年前，我出版了《中國震撼：一個「文明型國家」的崛起》，出版後不少地方請我去演講，我記得二〇一一年八月，我在上海一家單位談中國崛起與中國模式。我比較喜歡互動，希望大家提問題，愈尖銳愈好。在互動的時候，有位年輕的媒體人站起來，提了個問題，他說你難道不知道不久前發生的「七．二三」高鐵事故嗎？當時兩輛開往福州的動車在溫州市境內出了事故。他挖苦我說，這難道也是中國震撼嗎？他問我：為什麼政府不向老百姓謝罪？

我請這位年輕人坐下來，和他談了我的看法。我說這個事故肯定是個悲劇，我們要調查，究竟是什麼原因，調查清楚後，該怎麼處理，就怎麼處理。當然，我也告訴他，這不是高鐵事故，是動車事故，兩者速度差別是以每小時兩百五十公里為界。我說衡量火車的安全水準，要有個參照系，中國是個超大型的國家，我們一輛春運火車的載客量可能超過德國火車十年的載客量，而到二〇一一年上半年為止，動車和高鐵已經在中國大地上安全運行了大致五年，這種安全紀錄應該是相當好的。

我走過世界上許多地方，所以我也問了他幾個問題：你有沒有坐過美國的火車？有沒有坐過英國的火車？有沒有坐過印度的火車？我說，我給你打個比方，中國的動車和高鐵是研究生水準，美國、英國的火車是中學生水準，印度的火車是幼兒園水準——每年造成的死亡事故是以千人計的。只要去孟買看一下，每天早上開進孟買的火車，就是我們小時候看過的電影《鐵道游擊隊》，車頂上扒的是人，門上拉的是人，每天都有很多事故發生。研究生也可能犯錯誤，中學生也可以指出研究生的錯誤，但總體上看，中學生要達到研究生的水準還是不太容易的。用這麼一個事故來否定中國鐵路人為中國現代化事業作出的巨大貢獻和犧牲，是不明智的。我們雲貴高原都建了動車高鐵，中國一個省建設高鐵的難度可能就超過整個美國的難度——但我們也建成了。我坦率地對他說：恕我直言，不是政府要向你謝罪的問題，而可能是政府把像你們這樣的人寵壞了的問題。

當時我們的口號是「建設和諧社會」，這是對的，但在很多地方，和諧社會變成了「花錢買和諧」，實踐證明，花錢買不到真正的和諧。當時的情況，大家可能都記得，隨著互聯網的興起，網路上的言論幾乎都是抹黑自己國家的，把世界上最精彩的國家描繪得一團漆黑，背後一定有一股邪惡的勢力。不少主流媒體也失去了定力，跟著網路媒體走。當時網路上的主流話語是西方話語：政府是壞的，國企是壞的，鐵道部是壞的，所以國企生產的高鐵肯定也是壞的。事故出來後網路上瘋傳各種謠言，有個叫秦火火的造謠說政府給外國死亡遊客賠償三千萬歐元，也有人信。當時的情況連一些美國人也看不下去了，我記得美國著名雜誌《外交政策》（*Foreign*

Policy）二〇一一年曾刊文，標題就是「謠言人民共和國」（The People's Republic of Rumors）。

我當時是真的擔心。我在蘇聯解體前去過蘇聯，在南斯拉夫解體前也去過南斯拉夫，我知道這兩個國家是怎麼解體的。長話短說就是兩步：第一步是他們的知識菁英被西方話語忽悠；第二步是他們的政治菁英，包括政治局常委和總書記，也被西方話語忽悠，認為只要採用西方的政治模式和經濟模式，他們的一切問題都可以得到解決。接下來就是經濟崩潰、國家解體，人民的財富被西方洗劫一空。在社會主義國家的領導人中，被西方話語徹底忽悠的最著名人物當數蘇共領導人戈巴契夫，結果導致了蘇聯國家解體、經濟崩潰，俄羅斯人稱之為「第三次浩劫」。第一次浩劫指的是十四世紀蒙古人入侵，第二次浩劫指的是第二次世界大戰時德國法西斯的入侵。然而戈巴契夫本人居然有膽量參加一九九六年俄羅斯的總統競選，他的得票率未超過百分之一，說明絕大多數俄羅斯人把他拋棄了。

二〇一一年的時候，中國很多知識菁英也被西方忽悠得差不多了。虧得我們的高鐵最終通過自己過硬的技術，站穩了腳跟；虧得我們的領導人堅定地支持高鐵的發展。今天高鐵已經使中國人的出行變得如此便捷，甚至改變了許多國人的時空觀。高鐵已經成為中國製造業走出去的一張亮麗名片。

我講這個故事是想說明什麼呢？我想說明這樣一點：中國高鐵這麼精彩的一個故事，這麼成功的一個案例，但是一旦你沒有自己話語的時候，人家就可以把它扭著講，反著講，把你最大的正資產，變成你最大的負資產。什麼「高鐵呀，請等一等你的人民，等一等你的良心」，什麼「政府要向人民謝罪」，等等。換言之，我想指出，話語太重要了，我們不僅要做得好，而且要說得好，我們要把中國的事情說清楚，背後是真正的道路自信和話語自信。唯有這樣，中國的崛起才能更加順當，更加精彩，否則是要出大問題的，甚至可能功虧一簣，前功盡棄。

我有一段時間老說這句話：如果中國崛起到今天這個地步，還要被如此淺薄的西方話語所忽悠，那麼我們的後代將會詛咒我們——你們當時手裡是一副好牌呀，怎麼打成了那個樣子。

實際上過去這麼多年來，中國人是一心一意搞建設，一心一意謀發展，一心一意致力於改善民生，從某種意義上甚至可以說，我們一直在去意識形態化、去政治化。只要哪個國家做得好，我們就向它學習，我們從善如流。但「樹欲靜而風不止」，整個西方世界卻一直在不斷意識形態化，不斷地政治化，最後導致了什麼？當中國人出境去旅遊、去留學等，碰到普通的老外，他都會問，中國的人權怎麼這麼糟糕？西藏為什麼不能「獨立」？台灣為什麼不能「獨立」？我之所以說，一出國，就愛國，也跟這個有關。偶然回答一兩次這種傻問題，那沒有關係，但如果你天天回答，回答一百次後，你一定會變得非常愛國。

中國崛起到今天這個地步，我認為我們什麼問題都不能迴避了。我們對所有問題都需做出清晰的回答。我們需要用自己的話語把中國說清楚，把世界說清楚。中國國家主席習近平說得對，一九四九年中華人民共和國的成立，我們解決了「挨打」的問題；改革開放的勝利，我們解決了「挨餓」的問題；在今天中國崛起的新時代，我們需要解決「挨罵」的問題。這種謾罵一方面來自西方，另一方面則來自國內。知識界、媒體界還有一些人不自信，還是一切唯西方馬首是瞻，天天在罵自己的國家，當然的結果，就是他們愈來愈不得人心。但我也認為，建立中國話語，把中國的事情向國人說清楚，向世界說清楚，已經刻不容緩。

中國的知識界，特別是人文社會科學界，要從僵化的西方語言體系中解放出來。我們要解構西方話語和西方話語霸權，並在這個進程中建構中國話語。替西方話語當搬運工、當打工仔，是沒有出息的。對於西方話語，我們可以進入，但也要有能力跳出，一旦跳出西方話語，就會發現海闊天空。這就是中國今天真正需要推動的一種思想解放——從西方僵化愚昧的話語中解放出來。

我一直主張，我們要構建全面的、透徹的、強勢的話語體系。所謂「全面的」，就是指我們的話語要能夠解釋中國的成績、問題和未來；所謂「透徹的」，就是要把大家關心的各種問題講清楚、講明白，使我們國內外的普通受眾也能聽懂；所謂「強勢的」，就是要強勢回應西方話語的挑戰，西方指責中國的話語屬於強勢話語，國內親西方勢力謾罵自己的國家和制度時也採用西方那種強勢但淺薄的話語，這種時候我們有必要強勢地予以回擊。

有人說，中國共產黨已經形成了自己的話語。這無疑十分重要，這些話語是凝聚全黨、全國人民共識的定海神針，對中國確立道路自信、理論自信、制度自信和文化自信具有重大意義。但是光有官方話語是不夠的。在今天西方話語仍然比較強勢的情況下，在社會日益開放、新媒體迅速發展的世界上，光有官方話語已不足以解決「挨罵」的問題。我們有必要大力推動學術的、民間的、國際化的中國話語建設，彌補中國話語建設中的短板。總體上看，學術話語比較中性、理性，有利於與知識界的溝通，也有利於從基礎理論上解構和顛覆西方的話語神話。而學術話語建構的切入點，我個人認為，可以是西方話語在中國學術界滲透最深的政治學、經濟學、新聞學和法學；民間話語比較接地氣，有利於我們解決話語脫離群眾的問題；國際化的話語也很重要，我們要以西方能夠聽得懂的話語和西方打交道，從而為確立中國話語在世界上的地位奠定一個堅實的基礎。

最近中美關係的跌宕起伏也說明了這個問題。「世界老二」不好當。過去蘇聯是老二，被美國扳倒了；日本是老二，也被美國扳倒了。現在中國是老二，美國也想把中國扳倒，為這種扳倒而努力的一個重要方面就是西方話語，雖然川普上台使美國的話語霸權和軟實力遭受重大挫折。如果今天西方還有人來對中國人說，你們必須接受所謂的「普世價值」，你可以建議他：你先去說服美利堅合眾國的總統，看他信不信。

但我們也要看到，這麼多年來，西方話語對中國的滲透非常之深，這也是為什麼中國這麼精彩的崛起故事，今天很多人還是講得不好。其中一個重要的原因是什麼？就是這些年西方話語對中國的影響和滲透，導致很多學者和官員既讀不懂中國，也讀不懂西方。要想在西方話語的語境下講好中國故事非常之難，我可以舉個簡單的例子。西方天天說中國人權問題，但我們都知道西方自己的人權問題也不少，然而我們不少人在面對西方的質疑時是這樣說的：我們現在還是開發中國家，我們還沒有發展到你們這個階段，所以人權達不到你們這個水準。我個人認為，這是「弱勢話語」，不是真正的中國話語，這等於是把話語權拱手讓給了西方，讓他來做法官裁定你做得如何，這是不行的。

有人問我說，你怎麼用中國話語來回應美國對中國的人權指控？我說，很簡單：用中國人的眼光來看這個世界，用聯合國的人權標準來看美國。你可以告訴美國人，二十一世紀對人權最大的侵犯就是美國發動伊拉克戰爭，十多萬無辜的百姓被殺害，超過數百萬人流離失所，這是造孽。美國如果不把這些問題向全世界解釋清楚，怎麼有資格來跟中國談人權問題？這個話講出來，全世界都高興，整個第三世界都高興，甚至許多歐洲國家的民眾也會高興，因為他們也反對美國發動的伊拉克戰爭，這是一場非法的、嚴重侵犯人權的戰爭。

我們要力求從根子上對西方話語進行反思和解構，甚至是釜底抽薪式的解構。從我自己研究和實踐的情況來看，這樣做的效果非常之好，而且往往具有顛覆性，當然這背後是扎扎實實的基礎理論的研究和突破。我可以舉一個例子。長期以來，西方對中國的主流政治敘述是基於一種極其淺薄而又充滿偏見的分析範式，即所謂的「民主還是專制」的話語範式，而什麼是民主，什麼是專制，又只能由西方一家來界定。他們把西方實行的那種多黨制和普選制，界定為民主和「普世價值」，認為唯有採用這種模式，中國才能成為一個正常的國家，才能被以西方為首的所謂「國際社會」所接受。在這種話語主導下，中國政治制度被描繪成「專制的」，是民主制度的對立物。正因如此，西方可以不停地質疑：中國什麼時候進行政治改革？只要你不接受西方的這種政治邏輯，你就是支持專制；只要你不向西方政治模式靠攏，你就是沒有進行政治改革。西方媒體人也可以不屑於學習中文，不屑於在中國做真正的社會調查，就可以武斷地批評中國政治制度的一切，指責中國的人權紀錄、預測中國將要崩潰，等等。

這種「民主還是專制」的分析範式其實早已成為西方策動「顏色革命」、顛覆非西方政權的意識形態工具。這種話語雖然可以忽悠一部份人，甚至在不少國家造成了政權更迭，但今天隨著「顏色革命」的「褪色」，隨著「阿拉伯之春」變成「阿拉伯之冬」，隨著西方人民自己也意識到西方政治模式出現了愈來愈多的問題，在世界上已經有很多人開始反思甚至質疑西方政治模式及其話語範式。

我自己在國際場合第一次推出關於這個問題的中國話語是在二〇〇八年年底，當時我在印度進行考察和演講。那年十一月，孟買發生了一次大規模的恐怖主義襲擊，但印度的反恐精銳部隊，花了九個小時才抵達襲擊現場，印度輿論譁然。我在德里大學做中國發展模式的講座時，在互動環節中一位印度學者問我：如果中國碰到這樣的恐怖主義襲擊會怎樣應對？我說，中國迄今為止還沒有碰到這麼大規模的恐怖主義襲擊，所以不好說。但我可以談一件事：二〇〇八年五月中國汶川發生了特大地震，震央在中部山區，遠離國家的經濟和金融中心，但我們的軍隊在二十分鐘內就啟動了救災機制，我們的領導人在兩小時之內，就坐在飛往災區的飛機上了，我們的醫療隊三天內就覆蓋了所有一千多個受災的鄉鎮，直接救助兩千多萬災民。這位印度學者聽了之後，好像有點不服氣，他追問：「您是不是想證明『專制』比『民主』更有效率？」我說：「您錯了，不是『專制』比『民主』更有效率，而是good governance（『良政』）比bad governance（『劣政』）更有效率。中國發展模式的成功證明：不管什麼政治制度，最後一定要落實到『良政』才行，落實到中國人講的『勵精圖治』、『良政善治』才行。『良政』可以是西方政治制度，也可以是非西方的政治制度，中國在這方面雖有不足，但遠比大多數國家做得好；『劣政』也可以是西方的制度，我可舉出一百個例子，從伊拉克、阿富汗、海地、賴比瑞亞等民不聊生的國家，到所謂的西方已開發國家，如希臘、冰島等，都沒有治理好。同樣，『劣政』也可以是非西方的國家。」我回答完，會議廳內陷入了一陣沉默，會議主席說：「看來我們印度人也在反思。」

現在「良政還是劣政」這個分析範式已經為西方不少有影響力的人士所接受，例如：二十一世紀理事會主席尼古拉斯·伯格魯恩（Nicolas Berggruen）和《世界郵報》（*The World Post*）主編內森·加德爾斯（Nathan Gardels）在他們合著的《智慧治理：二十一世紀東西方之間的中庸之道》（*Intelligent Governance for the 21st Century*）一書中就明確讚賞這個範式；戰略分析家、《超級版圖：全球供應鏈、超級城市與新商業文明的崛起》（*Connectography: Mapping the Future of Global Civilization*）的作者帕拉格·康納（Parag Khanna）也肯定這個模式。二〇一七年十一月我在荷蘭參加奈克薩斯思想者大會時再次提出這個觀點，贏得了很多掌聲。我相信隨著中國的崛起，這個範式一定會被愈來愈多的人所接受，因為西方的「民主還是專制」範式，已經無法解釋當今這個複雜而精彩的世界，而「良政還是劣政」範式更能把這個世界說清楚，包括把中國和西方的事情說清楚。我相信，這種中國話語也將影響世界政治制度的發展和演變。

談談「中學西漸」

關心歷史和政治的人一定聽說過一個說法，叫作「西方中心論」。過去兩三百年西方世界崛起，隨之而來的就是「西方中心論」，一切唯西方話語馬首是瞻：西方文明是優越的，西方文明是理性與民主，與之相對立的是東方文明，東方文明是愚昧與專制。我們國內學界不少人迄今為止還是「言必稱希臘」。在他們眼裡，只要中國的做法和西方的不一樣，那中國一定是錯的，西方一定是對的。中國要做的無非是不斷地向西方模式靠攏、接軌乃至最終被西方社會所接納，甚至不惜拆掉「故宮」建「白宮」。

好在中國今天以西方不認可的模式迅速崛起了，我們可以比過去任何時候都更加自信地、客觀地、實事求是地審視所謂的「西方中心論」，指出其不實之處，這也是今天中國從富起來走向強起來的一項重要工作，也就是要從精神上強健起來，所以我們要解構「西方中心論」。

五年前，我曾在荷蘭做過一個談中國道路的講座。互動的時候一位法國學者問我：中國正在迅速地實現現代化，但中國似乎不願意接受西方所代表的現代性，這是為什麼？

「現代性」的英文叫「modernity」，在西方話語中，它一般指的是歐洲啟蒙運動以來所形成的理性思維，以及伴隨著西方工業化而形成的一整套制度安排。實際上，今天的中國正在重新界定所謂的現代性，但這是一個大題目。

我當時是這樣回答這位歐洲學者的。我說要回答這個問題，我們可能要先瞭解一下西方社會的現代性是怎麼形成的。我們今天這個研討會的地點是海牙，就在離這個會場不遠處有兩個地方值得去看一看：一個是荷蘭大哲學家史賓諾莎（Baruch Spinoza）的故居，史賓諾莎是荷蘭十七世紀的理性主義哲學家；另一個是荷蘭的代爾夫特（Delft）瓷器博物館。在史賓諾莎的故居，你可以看到他對中國是多麼的渴望。他通過研究之後發現，中國不是一般的政教合一的國家。在當時講這個話很了不得，是革命性的。他說中國是自然法的國家，中國是相信自然規律的，他說這種國家治理更符合人性。而十七世紀的歐洲大都還是政教合一的國家。這裡還有一個故事，當時史賓諾莎遭到了宗教迫害，被基督教會除名，但德國哲學家萊布尼茨（Gottfried Wilhelm Leibniz）很有勇氣，專門跑來海牙與他悄悄地見了一面。兩位哲學家探討了他們的共同發現：中國是一個很獨特的國家，它不像歐洲政教合一，而是世俗國家，用今天的話說，就是一個具有現代性的國家。他們認為中國採用了世俗的、貼近自然的、非神權的方法進行治理，結果是成功的。

為什麼要去代爾夫特瓷器博物館，因為它是荷蘭的瓷都，類似中國的江西景德鎮。荷蘭在十七世紀是歐洲最發達的國家，最發達的一個重要原因就是和中國進行貿易，把中國的大量瓷器運到歐洲，賣給歐洲各國，賺得盆滿缽滿。當時中國的瓷器有點兒像幾年前的蘋果手機、平板電腦，整個中國的瓷器貿易在十七世紀的歐洲是由荷蘭主導的，荷蘭因此發了大財。

中國瓷器給歐洲帶來的衝擊不僅是瓷器本身質地的精良，歐洲的瓷器還遠遠達不到這個水準，他們花了上百年的時間模仿，但到博物館一看他們模仿的各種各樣的中國瓷器，就是做得不像。一直到很晚，大概到了十九世紀荷蘭才掌握了製作瓷器的工藝，開始有自己的青花瓷。在此之外更重要的是，歐洲人文學者還從中國瓷器中發現了一個新的精神世界：瓷器上的圖案所反映的內容與歐洲藝術不一樣。歐洲藝術當時反映的主題主要還是宗教，而中國瓷器上的圖案反映的幾乎都是民生，如農夫耕作、老人垂釣、兒童嬉戲、多子多福，還有大自然的山水風光。用今天的話說，中國藝術的題材早就是非宗教的、接地氣的、人間的。這一切給當時的歐洲帶來了震撼，甚至可以這樣說，是中國的世俗文化很大程度上把當時的歐洲從神學世界引向了人間世界。從神學世界到人間，這就是現代性，這就是啟蒙運動的要義。我對這位法國人說：「要瞭解歐洲啟蒙運動開始的所謂『現代性』，一定要瞭解這種現代性最重要的起點之一，就是中國。」

我們可能都聽到過一個概念，叫「西學東漸」，也就是西方的學問源源不斷地傳到中國，影響了中國的方方面面。其實，歷史上還有一段很長的時間是「中學西漸」，就是中國的學問源源不斷地傳到西方，影響了西方的方方面面。

中國有一位出色的歷史學家，叫朱謙之，早在二十世紀四〇年代，他就著書指出，歐洲文藝復興發生在義大利，不是偶然的，為什麼？因為當時歐洲國家中和中國接觸最多的就是義大利。通過絲綢之路，中國的物質商品和文化思想也傳到了義大利。他認為，從十三世紀到十六世紀，中國的許多重要發明，通過阿拉伯世界傳到了歐洲，為歐洲的文藝復興創造了必要的條件。大家都知道，威尼斯旅行家、商人馬可波羅在中國待了十七年。他回到歐洲後出版了《馬可波羅遊記》一書，一時洛陽紙貴，歐洲人通過這本遊記瞭解到原來在遙遠的東方，有一個如此富庶的大國。商人發現了財富，哲學家發現了思想。

我們現在說中國睜眼看世界的第一人，多數人說是林則徐，也有人說是魏源，但有一點是肯定的，魏源的《海國圖志》對當時的日本和中國都產生了震撼，特別是對日本的崛起發揮了相當大的作用，因為一下子使亞洲知識界的很多人意識到歐洲已經明顯地領先亞洲了。作為比較，我們也可以說，《馬可波羅遊記》於十四世紀在歐洲出版的時候，給歐洲人帶來的震撼只會大於當時《海國圖志》給亞洲人帶來的震撼，所以《馬可波羅遊記》一下子翻印了無數的版本。歐洲人突然意識到原來在東方還有這麼發達、這麼了不起的文明和國家，所以他們開始了各種各樣的探險，想到中國來尋求財富，也尋求思想。

十七至十八世紀的時候，歐洲啟蒙運動的一大批思想家，對中國文化和思想充滿敬意，他們對中國文化和思想的研究和傳播，對歐洲的啟蒙運動，乃至對歐洲方方面面的發展都產生了相當大的影響。

大家知道，法國最偉大的啟蒙思想家之一伏爾泰，他是中華文明的「鐵粉」，他說過很多讚美中國文化的話。他這樣寫道：「中國是舉世最優美、最古老、最廣大、人口最多而治理最好的國家。」我們有些學者說，伏爾泰可能對中國的真實情況不太瞭解，所以可能是一種浪漫主義的嚮往。其實只要我們還原歷史，還原到伏爾泰所生活的那個時代的歐洲和中國，去看看兩者最大的差別是什麼，就會明白伏爾泰的評價所言非虛。歐洲整個十七世紀，乃至十八世紀上半葉一直在打仗。當時歐洲多數國家還是政教合一的國家，戰亂不斷的原因是宗教之間，或者同一宗教不同教派之間，進行的無休止的宗教戰爭，有學者做過統計，整個十七世紀，歐洲大約只有三年沒有戰爭，前五十年有一年沒有戰爭，後五十年有兩年沒有戰爭，德意志民族經歷了三十年宗教戰爭。當時德國還沒有統一，死亡人數不計其數，一般認為至少有四分之一的人口因戰爭而死亡。當時的中國是什麼狀況？是康乾盛世。中國早已是一個世俗國家、一個政教分離的國家。從十七世紀下半葉到十八世紀上半葉的一百多年中，不管當時中國存在多少問題，中國都是規模最大的統一的國家、總體和平的國家，而與天天在打仗的歐洲相比，伏爾泰把目光投到遠方的中國，這是一種發自內心的欽佩。

德國最偉大的詩人之一歌德讚美中國和東方：「在那可愛的東方，我感到月的光輝，樹枝飄動的湖面上的幽光，在夏日中帶來沁人肺腑的清涼。」中國古代文人的「月光」的意境就這樣傳到了歐洲。伏爾泰當時說了這麼一句話，可以看作對歌德這個詩句的注解：「歐洲的君主和商人在東方發現的僅僅是財富，而哲學家在那裡發現了一個新的道德和物質的世界。」

可以說，從整個十六至十八世紀我們看到的是「中學西漸」，也就是中國的哲學、文學、藝術等，隨著中國的物質文明不斷地湧入歐洲，影響了歐洲人的物質和精神生活。

德國哲學家萊布尼茨如此渴望得到關於中國的知識，他在給朋友的信中說，他準備在自己的房門上貼一塊牌子，上面寫著：中國知識中心。他認為，中國「有著令人讚歎的道德，還有自然神論的哲學學說……這種極富權威的哲學體系創立於三千年以前，遠在希臘人的哲學很久很久以前」。

萊布尼茨受到《周易》中卦象的啟發，提出了二進制算法，成為今天我們所使用的資訊技術的基礎。萊布尼茨還認為，中國在實踐哲學方面佔優勢，而歐洲則在思辨哲學方面領先，雙方可以優勢互補，組成一種世界文化。

政治上，啟蒙運動提倡的是理性主義和人本主義，而啟蒙思想家理性主義和人本主義的偶像就是孔子。中國學者樓宇烈是這樣概括的：「從某種角度來講，現在西方的人文主義，或者人本主義正是吸收了中國傳統的人文精神而發展起來的。」它促使西方社會從中世紀的「神本主義」轉向「人本主義」。在伏爾泰眼裡，理性使中國擺脫了戰亂。與頻繁戰亂的歐洲相比，中國當時社會安定得令人羨慕和崇拜，他認為，中國是由哲人統治的。哲人統治，是古希臘大哲學家柏拉圖的理想。學者朱謙之經過考證，認為從十六、十七世紀開始，歐洲來華的傳教士，特別是耶穌會士，把中國的宋儒理學傳入了歐洲，影響了一大批歐洲啟蒙思想家，為他們「反對宗教」、主張理性提供了武器。從歐洲啟蒙思想家看來，中國的大一統與戰亂頻繁的歐洲形成了鮮明的對比，他們把中國的理性、大一統看作中國和平與強大的根本原因。

現在人們普遍把亞當·斯密（Adam Smith）當作經濟學之父，而經濟史學家則普遍認為亞當·斯密的背後是法國非常重視農業的經濟學家魁奈，他被當時的歐洲學人尊稱為「歐洲的孔夫子」（Confucius of Europe）。西方經濟學的核心概念之一是「自由放任」，而這個概念源於法文的「laissez-faire」，一般認為它是魁奈從老子「無為」的概念翻譯而來。魁奈還專門談到中國的皇帝如何在每年的春天到來之時，到社稷壇主持親耕大典，以示重視農業和民生。法國國王路易十五（Louis XV）在一七五六年曾親自仿效，奧地利國王約瑟夫（Joseph II）在一七六四年也曾仿效，親自參加了表示親近農業的耕作儀式。

法國思想家托克維爾（Alexis de Tocqueville）在其名著《舊制度與大革命》（*L'Ancien Régime et la Révolution*）中，對十八世紀歐洲啟蒙思想家普遍嚮往中國有這麼一段描述：在整個漫長的十八世紀，對於法國啟蒙思想家們而言，「沒有一個人在他們著作的某一部份中，不對中國倍加讚揚。只要讀他們的書，就一定會看到對中國的讚美……他們心目中的中國政府好比是後來全體法國人心目中的英國和美國。在中國，專制君主不持偏見，一年一度舉行親耕禮，以獎掖有用之術；一切官職均經科舉考試獲得；只把哲學作為宗教，把文人奉為貴族。看到這樣的國家，他們歎為觀止，心馳神往」。

當然，十八世紀的歐洲思想家中也有少數對中國持比較否定態度的，主要是法國哲學家孟德斯鳩和德國哲學家黑格爾，他們把中國政體定義為「專制政體」，他們的觀點隨著歐洲經濟地位的上升、中國和亞洲地位的下降，逐步變成了西方的主流觀點，影響至今。我們今天回眸孟德斯鳩和黑格爾對中國的批評，就會發現他們的話語逐漸成為主流的過程正好是歐洲國家崛起和種族主義理論在歐洲興起的過程。種族主義者認為歐洲人是文明人，其他人種都不如歐洲人種優秀，甚至是劣等人。孟德斯鳩的自然環境決定論是種族主義理論的起點之一，而黑格爾本人從二元對立的世界觀出發，故意把中國塑造成西方的對立面——中國是停滯不前的，是「東方專制主義」，是「歷史停滯」的國家，以反襯西方所謂的「自由、文明和進步」。這種虛構出來的話語體系後來也影響了不少中國人。

對於孟德斯鳩和黑格爾的觀點，許多人提出過質疑。中國思想家嚴復早在一九〇六年就發文，指出黑格爾哲學實質上是反自由的，同時還帶有以進步或歷史規律的名義對落後民族進行征服的意味。中國思想家章太炎也對黑格爾提出批評，指出中國的莊子哲學才是真正具有自由精神的。這些觀點與後來第一次世界大戰後美國哲學家杜威（John Dewey）反思德國古典哲學，與第二次世界大戰後英國哲學家羅素（Bertrand Russell）反思德國古典哲學，都是一致的。

中國學者劉夢溪有一本專著，專門考究中國歷史上的「狂」，瘋狂的「狂」，狂飆的「狂」。他說這個「狂」實質上就是一種自由，它在我們的文化中源遠流長；他說我們很早就開始有武俠文化，這是一種超然的自由。我們有自由文人的傳統，有陶淵明的「采菊東籬下，悠然見南山」與〈桃花源記〉。我們有繪畫中的大寫意、書法中的狂草、道家的崇尚自然、佛家的崇尚頓悟，這些都是崇尚自由的表現。所有這些都是真正的知識的自由。而這種傳統在歐洲是很少見的。這背後所反映的經濟制度也是不一樣的。中國在絕大多數歷史時期內，土地是可以自由買賣的，但歐洲是不行的。歐洲在多數時間內政治上是政教合一的，土地制度是直接農奴制，而中國是小農經濟，小農家庭有自己的一片土地，而歐洲的土地在多數時間是不能自由買賣的，所以把中國說成是專制，把歐洲說成是自由，應該說是張冠李戴。歐洲人正是自己的自由太少了，所以拚命爭取自由。回頭看這一切，黑格爾也好，孟德斯鳩也好，他們對中國的瞭解真是非常有限的。

英國學者李約瑟（Joseph Needham）也指出，如果古代中國「真像有些人宣傳的那樣是一個絕對專制、毫無自由的社會，我們就無法解釋幾千年來怎麼會產生那麼多的創造與發明，也無法解釋為什麼在那樣漫長的歲月裡中國總是處於比歐洲領先的地位」。真實的情況是，在過去兩千多年歷史的大部份時間內，中國在經濟、政治、社會、科技等廣泛的領域內幾乎全面領先於當時的歐洲。

今天我們一起回望歷史上的這場聲勢浩大的「中學西漸」運動，一方面是有感於今天西方人出於種種原因，很少主動提及歐洲啟蒙運動的中國起點，另一方面亦有感於不少學者，包括中國學者還是陷在「西方中心論」中難以自拔。我這幾年在西方做講座，經常提出建議，希望他們借鑑中國人的「解放思想」，借鑑中國人的「實事求是」，否則西方的制度恐怕還將一路走衰。但不少朋友都對我說：張老師，你為什麼老是要喚醒那些不想醒的人呢？讓他們繼續睡著不也挺好嗎？

「中西歷史比較」解構西方中心論

之前探討告別「西方中心論」，著重討論了「中學西漸」的歷史，強調西方啟蒙運動的主要思想起源之一是中國。二〇一九年三月，中國國家主席習近平訪問法國時，法國總統馬克宏（Emmanuel Macron）向習近平贈送了一份禮物——一本一六八八年，也就是十七世紀末，法國出版的《論語導讀》。馬克宏介紹說，《論語》的早期翻譯和導讀，曾對伏爾泰等法國思想家的哲學思想產生過啟發。這部《論語導讀》的法文版原著據說僅存兩本，一本送給了習主席，另一本存放在巴黎的法國國立吉美亞洲藝術博物館（Musée national des Arts asiatiques-Guimet）。所以中國國家主席習近平當時就說，這個禮物很珍貴，我要把它帶回去收藏在中國國家圖書館。

馬克宏的話是一回事，現實是「西方中心論」在今天影響仍然很大，許多中國人也深受其影響，自信不起來。在這個意義上，解構「西方中心論」的工作仍然任重道遠，但我們有信心做下去。大家知道，歷史上，「歐洲中心論」和「西方文明優越論」曾為殖民主義、帝國主義、種族主義提供了理論基礎，後來又為「歷史終結論」提供了理論基礎。這些年海內外那些唱衰中國的觀點，追根溯源，幾乎都源於某種「歐洲中心論」及其衍生出來的「歷史終結論」。所以我們說，解構西方話語，建構中國話語，樹立四個自信，我們要從源頭做起，要正本清源。

「西方中心論」的一個主流敘述大致是從古希臘文明、古羅馬文明到漫長的中世紀，然後是文藝復興、宗教改革、啟蒙運動，啟蒙運動又產生了工業革命、民主制度和現代世界。實際上這種敘述是晚至十九世紀歐洲崛起後才形成的。但不管怎樣，如果我們要解構「西方中心論」，那一定要從古希臘說起。在解構「西方中心論」方面，一些西方學者作了相當多原創性的研究，提出了一些值得我們關注的論點，使我們今天可以更為接近歷史的真相。

現在世界上至少有兩種關於古希臘文明的全新解讀。一種觀點認為現在西方對古希臘文明的主流解讀是西方學者虛構出來的，美國康乃爾大學教授馬丁・貝爾納（Martin Bernal）撰寫了一本專著，其標題就很有意思：《黑色雅典娜——古典文明的亞非之根》。這本書的第一卷就叫〈構造古希臘：一七八五年～一九八五年〉（Black Athena: The Afroasiatic Roots of Classical Civilization, Volume I: The Fabrication of Ancient Greece 1785-1985）。

另一種觀點認為，古希臘文明融入了許多東方文明的內容，因為歷史上古希臘文明已經中斷了，多虧了位於中東地區的阿拉伯國家保存了古希臘的典籍，才使歐洲最終得以走出長達千年的「黑暗時期」，所以古希臘文明有東方的淵源。這種觀點在約翰・霍布森（John Hobson）的《西方文明的東方起源》（*The Eastern Origins of Western Civilization*）一書中有詳盡的論述。

馬丁・貝爾納的主要觀點是：古希臘的政治制度、科學、哲學和宗教並非原創，而是源於亞洲近東的希伯來—腓尼基文化和非洲的埃及文化，尤其是古埃及文明，這在歐洲人眼裡就是東方。但是從十八世紀以來，由於歐洲崛起過程中種族主義等因素的上升，古希臘文明被描繪成歐洲雅利安人的文化先驅。這一觀點在西方學界引起極大爭議，該書也因其顛覆性觀點而榮獲一九九〇年的美國國家圖書獎（American National Book Award）。

貝爾納追述了歐洲學者從十八世紀後期到十九世紀初期是如何通過重塑古希臘，進而完成對歐洲身份的重塑。他說，歐洲「迅速將古希臘提升為歐洲文明的發源地，根據是其所謂的民主制度和科學理性」。真實的歷史是古希臘人從沒有把自己的土地看成是「歐洲」，從來沒有把自己當作歐洲人，無論是語言、人種還是血緣，都表明古希臘和歐洲雅利安人沒有關係。貝爾納認為，古希臘在文化上與東方聯繫密切，甚至被看作東方的一部份。還指出古希臘的科學成就大多應歸功於古埃及，只是後來被重塑成與東方沒有關係的「雅利安模式」，並推演出所謂的理性的歐洲和非理性的東方、民主的歐洲和專制的東方。

貝爾納的觀點引發了巨大的爭議，而且這種爭議還會持續下去，但我個人認為貝爾納至少揭示了一個事實：古希臘文明來源的多樣性。貝爾納也至少糾正了一個錯誤，即歐洲史學界，特別是德國新古典主義學者，把古希臘文明「雅利安化」，即所謂高貴的希臘人獨立創造的，只有「西方或者歐洲繼承了下來」的近乎神聖的古希臘文明。這種觀點是禁不起歷史檢驗的。

中國學者錢穆曾把古希臘文明和古羅馬文明與中華文明作過一個比較，他是這樣說的：古希臘是「有民無國」，也就是說，古希臘從來沒有形成過統一的國家，而是由一批城邦鬆散組成的，所謂城邦大都規模很小，少則上千人，多則二十來萬；古羅馬是「有國無民」，也就是說，羅馬帝國常年征戰，疆域很大，與中國的西漢規模差不多，但在國家的治理上，古羅馬始終沒有像秦漢時期的中國那樣把疆域內的人口整合起來，最後在公元五世紀，因經濟衰退、政治動盪、日耳曼游牧蠻族的入侵等原因而走向解體。相比之下，錢穆認為古代中國是「有國有民」，秦始皇統一中國就實行了「書同文、車同軌」，統一了度量衡，推行了郡縣制，坦率地說，這是歐盟今天都夢寐以求的。但這些在歐洲很難實現，因為歐洲文化裡缺少統一的基因。今天中國崛起了，我們已經進入了第四次工業革命，我們可以更為真切地感受到中國這種大一統的國家，或者叫「文明型國家」的崛起，給我們帶來的巨大好處：無論是人口帶來的市場規模，還是地域規模帶來的全面輻射力，無論是悠久傳統帶來的定力與智慧，還是豐富文化帶來的精彩與恢宏。

美籍日裔學者弗朗西斯·福山（Francis Fukuyama）推出的「歷史終結論」是錯的，但他在他的《政治秩序的起源：從前人類時代到法國大革命》（*The Origins of Political Order: From Prehuman Times to the French Revolution*）一書中提出的一個觀點是正確的：如果統一的、中立的中央政府是現代國家的標誌，那麼中國是世界上最早的現代國家。他認為，中國在戰國後期已建立了現代意義上的國家政權，其基本標準是「統一和理性化的官僚制度」，也就是說，官員陞遷依照能力標準，而不是像歐洲歷史上的世襲制。福山說：「坦率地講，我們今天所理解的一些現代國家要素，公元前三世紀就已存在於中國了，這比它們在歐洲出現早了一千八百年。」他還說過，秦代中國的官僚政府「比羅馬的公共行政機構更為系統化，中國人口中受統一規則管轄的比例也遠遠超過羅馬」。福山的解釋是客觀的，在某種意義上，這也是對「西方中心論」的一種解構。

而約翰·霍布森在其專著《西方文明的東方起源》中對「西方中心論」的解構則認為西方世界實際上經歷過一個「東方化的西方」的過程。歐洲主流觀點認為，文藝復興主要指的是對古希臘各種各樣的經典著作的發現，從而開始了一場文藝復興，使歐洲走出了中世紀。霍布森則揭示了這樣一個事實：歐洲當年發動十字軍東征，打到今天的小亞細亞這一帶，突然發現了大量已經翻譯成阿拉伯文的古希臘的文獻，包括亞里士多德和其他著名的哲學家、思想家的東西。

然後歐洲人再把這些文獻從阿拉伯文翻譯成拉丁文或希伯來文。換言之，古希臘文明本來已經銷聲匿跡了，多虧中東的阿拉伯國家保存了古希臘的典籍，後來又經過了上百年的翻譯運動，才使歐洲歷史銜接上了已經銷聲匿跡的古希臘和古羅馬文明，使歐洲最終得以走出長達千年的「黑暗時期」，而在這個過程中，古希臘文明和古羅馬文明本身也都包含了許多東方的元素。實際上，任何嚴肅的歷史學家都知道這個事實，但由於種種原因，西方史學家和主流史學著作很少提及這些，就像他們也很少提及歐洲啟蒙運動中這麼多大家都從中國文化中汲取了智慧一樣。

霍布森還提出一個觀點：「七世紀後，伊斯蘭教的勢力迅速擴張，以致地中海實際上成了伊斯蘭世界的一個內湖，（西歐）成了亞非全球經濟中的一隅之地。伊斯蘭世界對歐洲的發展尤其具有強大的影響。」加拿大學者格溫．戴爾（Gwynne Dyer）也在他的專著《戰爭》（*War*）中指出，在地中海東部地區，在阿拉伯和土耳其統治下，亞洲的伊斯蘭地區保存了在歐洲早已消失的古希臘典籍。在歐洲十字軍東征的過程中，歐洲人得以把歐幾里得、托勒密、阿基米德、柏拉圖、亞里士多德等人的著作重新從阿拉伯文翻譯成歐洲文字。戴爾還進一步指出，由於伊斯蘭世界所處的地理位置，它從中國和印度的發明中獲益匪淺，而中國的許多發明就是通過阿拉伯世界傳到歐洲的。

美國學者賈雷德．戴蒙德（Jared M. Diamond）在他的《槍炮、病菌與鋼鐵：人類社會的命運》（*Guns, Germs and Steel: The Fates of Human Societies*）一書中也指出：「中世紀的伊斯蘭社會，由於位居歐亞大陸的中央，既得到了印度和中國的發明，包括採用了中國的紙和火藥，也承襲了希臘的學術。」

十五至十六世紀的歐洲被「西方中心論者」稱為「偉大的航海時代」，但中國在總體上還是領先歐洲的。雖然中國並非十全十美，也存在著各種問題，但歐洲的問題要嚴重得多。就經濟規模而言，當時的中國經濟總量約佔世界的百分之三十五。鄭和下西洋的船隊與哥倫布發現美洲的船隊相比，規模也要大得多，鄭和寶船長度超過一百公尺，排水量超過萬噸，比八十多年後哥倫布發現新大陸的聖瑪利亞（Santa María）號大百倍。

朱謙之認為，「在十三至十六世紀，中國的重要發明即以阿拉伯人為媒介，給歐洲文藝復興之物質基礎創造了條件」。中國文化傳入義大利最早的是絲綢、青銅器、瓷器等，中國的紡織技術和造紙等技術也可能是經過義大利傳到歐洲的。十三世紀十字軍東征後，曾經中斷的義大利通往中國的道路又被打通，威尼斯成了中歐交流的最重要城市，威尼斯商人馬可波羅在宋末元初抵達中國就是一個例子。他回到歐洲後出版的《馬可波羅遊記》在義大利乃至後來在歐洲多數國家都引起了轟動，西方難以想像世界上還有如此繁華和發達的國家。

英國學者莫里斯．科利思（Maurice Collis）認為《馬可波羅遊記》「不只是一部單純的遊記，而是啟蒙式作品，對於閉塞的歐洲人來說，無疑是振聾發聵，為歐洲人展示了全新的知識領域和視野，這本書的意義在於它導致了歐洲人文科學的廣泛復興」。

馬克思當年也說過：「火藥、指南針、印刷術——這是預告資產階級社會到來的三大發明。火藥把騎士階層炸得粉碎，指南針打開了世界市場並建立了殖民地，而印刷術則變成新教的工具，總的來說變成科學復興的手段，變成對精神發展創造必要前提的最強大的槓桿。」其實，不少「西方中心論者」大概也知道這些事實，但他們似乎不願意提及，更不要說深入探討這些事實了。

我們也可以比較一下中國與歐洲在科技發展方面的情況。著名英國學者李約瑟在他的《中華科學文明史》（*The Shorter Science & Civilization in China*）中列出了幾十種十六世紀之前從中國傳到西方的重要技術，除了四大發明外，還有龍骨車（比歐洲早十五個世紀）、鑄鐵（比歐洲早十至十二個世紀）、風箏（比歐洲早約十二個世紀）、弓形拱橋（比歐洲早七個世紀）、獨輪車（比歐洲早九至十個世紀）、弓弩（比歐洲早十三個世紀）、深鑽技術（比歐洲早十一個世紀）、活塞風箱（比歐洲早十四個世紀）、瓷器（比歐洲早十一至十三個世紀）、河渠閘門（比歐洲早七至十七個世紀）等。

最後再談一點感想：中國在二十世紀二三十年代曾有所謂的「疑古派」，代表人物是顧頡剛、錢玄同等，全面懷疑中國先秦以前的歷史，全盤否定中國遠古文明，並把商周以前的中華民族的歷史記憶統統稱之為「神話」。當然隨著中國的崛起，隨著中國考古發掘的大量發現，這個學派的影響力早已式微。中國史學有「信史」的傳統，也就是把歷史文獻的記載和地下文物的印證結合起來，成為真正的「信史」。我想，我們的史學家能不能採用同樣的精神和標準去考證一下古希臘的歷史，崛起的中國不能老是「嚴於律己，寬以待人」，我們至少應該用大致一樣的標準去考察歐洲的歷史，考察古希臘的歷史，看看古希臘的歷史究竟有多少可以被稱為「信史」，為形成中國自己的「西方學」打下基礎。

比方說，《亞里士多德全集》已經出版十卷了，它最早的版本到底在哪裡，我請教了一位史學界的朋友，他說，現在可以找到的最早的殘片，是德國考古學家在一八九〇年發現的寫在紙草上的文獻，叫作《雅典憲章》，編號是「紙草一三一」（Papyrus 131）。紙草是一種植物，古埃及人發現去掉水份後，可以用來寫字。《雅典憲章》經考證屬於公元二世紀的作品，現在被界定為可能是亞里士多德的作品，也可能是他學生寫的，但還不能確定就是亞里士多德的東西。這個文獻現在收藏在大英博物館，其他亞里士多德作品的版本大都是十二世紀以後的了，離亞里士多德的時代至少有一千四百年了。當時中東地區有一個「重新發現亞里士多德」的翻譯運動，將其典籍從阿拉伯文翻譯成拉丁文，但現在阿拉伯文版的東西好像也找不到了。相比之下，中國的典籍如《左傳》、《漢書》等，雖然也是到了唐代有雕版印刷才開始普及，但我們出土的一手古代文物和文獻比歐洲要多得多，也要早得多。比方說，我們的《老子》有湖北郭店村的楚簡，我們的《道德經》有西漢初年的馬王堆帛書，我們的《論語》有河北定州的西漢竹簡，我們的《尚書》有清華竹簡。這些都是公元前五世紀至公元前三世紀的東西，離我們古代先賢生活的時代很近。

當然我自己不是史學家，更不是古希臘史專家，但我覺得用對中國史學同樣的要求來要求西方史學和古希臘研究，並不過份，也是合情合理的。當然，我們也要注意另外一個傾向，就是輕率地否定古希臘，認為古希臘歷史肯定是偽造的。古希臘歷史的很多謎團還需要大量的扎扎實實的研究。中國學者應該以更嚴謹的態度，在掌握古希臘語的基礎上，對古希臘的一手史料進行梳理和研究，才能最終拿出令人信服的成果。

談中西方歷史的比較，目的很簡單，就是要破除「西方中心論」。歷史上，西方文明從非西方文明，尤其是從中國文明中借鑑了大量東西，才有了西方後來的成就。今天也一樣，不同文明之間應該互學互鑑，中國文明也從其他文明，包括西方文明，借鑑了許多東西，所以才有今天中國的全方位崛起。

「普世價值」面臨的四重困境

「普世價值」，英文叫「universal values」。顧名思義，就是全世界所有人都應該接受的價值。這是西方政治話語中的一個核心概念。西方主流話語一般把「自由、民主、人權」等，看作「普世價值」，也就是人不分民族、國籍、種族，都應該接受的價值觀，所以西方還有一個概念，叫「價值觀外交」，也就是基於所謂「普世價值」來推動的外交。

我們先簡單回顧一下所謂「普世價值」的來龍去脈，看一看「普世價值」面臨的「歷史困境」，也就是第一重困境。

西方現在的主流話語一般說：西方國家一直在推動「自由、民主、人權」這些「普世價值」，說早在當年歐洲的啟蒙運動、美國的《獨立宣言》（*United States Declaration of Independence*）和法國的《人權與公民權利宣言》中就已確立了「自由、民主、人權」這些「普世價值」，其實這是有悖於基本歷史事實的。

法語和中文的一個最大差別，就是它的名詞分為陰性和陽性。所以法國人喜歡說他們的語言是一種比較精準的語言，比如用中文說「我晚上要見一個朋友」，法語做同樣的表述，一般情況下要說出「un ami」或者「une amie」，也就是男性的朋友，還是女性的朋友。當然法語也有模糊的辦法，你不想說見男朋友還是女朋友，你就說「我晚上有個約會」。

這就使我想到一七八九年的法國大革命通過的《人權與公民權利宣言》，這是中國人從法文翻譯過來的名稱，其法語原文是 *Declaration des Droits de l'Homme et du Citoyen*，我們翻譯成「人權與公民權利宣言」，但學過法文的人可以看出，這個名稱中間的「人」和「公民」（l'Homme 和 Citoyen）在法文裡指的是男人和男性公民，所以更為準確的翻譯應該是「男性人權與公民權利宣言」，再確切一點兒是白人男性，不包括婦女，不包括有色人種，不包括華人，不包括窮人。回顧歷史，就在這個《男性人權與公民權利宣言》通過三年之後的一七九一年，一位名叫奧蘭普・德古熱（Olympe de Gouges）的法國女性起草了一份《女權和女公民權宣言》（*Declaration des Droits de la Femme et de la Citoyenne*），但她最終被送上了斷頭台。她所希望的婦女投票權直到她死後一個半世紀，也就是一九四四年，在戴高樂執政時期，才在法國得到實現。

一七七六年通過的美國《獨立宣言》也一樣。美國的國父們是一批在美國很受崇拜的人，他們都是歐洲白人移民，大都擁有黑奴。美國《獨立宣言》中的「人人生而平等」，其中的「人人」不包括婦女、奴隸、華人，也不包括白人中的窮人，保留奴隸制也是美國國父們經過辯論後作出的選擇。美國眾議員是按照人口比例選舉出來的，在沒有廢除奴隸制的前提下，黑奴的公民權屬於奴隸主，五個黑人折算成三個白人。

從十七世紀開始的兩個世紀中，種族主義和殖民主義就是當時西方的「普世價值」，他們談的自由，在相當長的時間內，包括了販賣奴隸的自由，包括了對印第安人進行種族滅絕的自由，包括了向中國傾銷鴉片的自由。美國的南北戰爭（一八六一年～一八六五年）廢除了奴隸制，但戰後雙方還是作了政治妥協，認為美國「統一」的價值高於黑人「自由」的價值。其後不久美國又頒佈了新的法律，建立了一整套種族隔離的制度。這套踐踏人權的制度在美國又持續了近一個世紀，一直到二十世紀六〇年代才被取消。

之後就是我們曾經談過的，西方國家崛起的過程就是一個對殖民地掠奪的過程，他們迷信武力，迷信種族主義和民族主義，最終導致了兩次世界大戰。第一次世界大戰，傷亡三千多萬人，法國幾乎家家戶戶都有陣亡的人。第二次世界大戰，傷亡更加慘重，達九千多萬人。西方種族主義者喜歡鼓吹所謂「理性的」西方、「經歷過啟蒙運動」的西方，和「愚昧的」東方、「沒有經歷過啟蒙運動」的東方，對這種謬論的最好回擊就是指出，為什麼「理性的」西方會發動給自身帶來滅頂之災的兩次世界大戰？經歷了這些災難之後，西方的一些有識之士開始了一定的反省，這才有了一九四八年聯合國大會通過的《世界人權宣言》（*La déclaration universelle des droits de l'homme*）。這份宣言確認了人人「不分種族、膚色、性別、語言、宗教、政治或其他見解」應該享受人權的原則。

但在《世界人權宣言》誕生之後，種族主義理念還是繼續主導著西方主要國家的內外政策。比方說，為了維護其殖民統治，法國發動了極其殘酷的越南戰爭和阿爾及利亞戰爭，直到最後實在是打不下去了，它才非常不情願地放棄了這些殖民地。同樣，美國黑人也不堪忍受種族歧視，於二十世紀六〇年代掀起了風起雲湧的民權運動，馬丁・路德・金恩（Martin Luther King Jr.）於一九六三年大聲疾呼：「我夢想有一天，我的四個孩子將生活在一個不是以膚色深淺，而是以品格的優劣作為評判標準的國家。」而這離美國通過寫有「人人生而平等」的《獨立宣言》已經過去了一百八十七年。

其間，美國國會在一八八二年專門通過《排華法案》（*Chinese Exclusion Act*），這是美國通過的第一部針對特定族群的、基於種族歧視的移民法。一九〇四年，美國國會又通過無限期延長《排華法案》的議案，這曾激起中國人的極大憤慨，一九〇五年在上海等很多地方曾爆發過抵制美貨的運動。這個法案的廢除已經是二十世紀四〇年代抗戰時期了，而對華人的正式道歉則是二〇一二年，也就是這個法案通過的一百三十年之後。

我對所謂「普世價值」的來龍去脈，作了一個簡單的回顧。也就是說，即使「普世價值」這一概念能夠成立，那麼其內容在過去兩百年中也發生了巨大的變化。

「普世價值」面臨的第二重困境是「程序困境」。「普世價值」，顧名思義，應該是世界上所有國家和人民都可以接受的價值觀念，但恰恰在這個問題上，國際社會從未取得過共識。西方主流媒體經常說，「自由、民主、人權」是「普世價值」，但人們不妨問一個簡單的問題：除了「自由、民主、人權」是西方認定的「普世價值」外，世界上還有什麼價值可以是「普世價值」呢？比方說，世界上大多數人大概都認同「和平」應該是「普世價值」，但西方主要國家，特別是美國，就是不接受這一點，它要保留發動戰爭的權利。再比方說，中國是一個迅速崛起的「文明型國家」，中國可以為人類社會提供大量的價值。中國人高度重視「仁愛」、「團結」、「和諧」、「責任」等價值，這些價值能不能成為「普世價值」呢？如能，我們下一步應該怎麼做？如不能，那就要解釋清楚是出於什麼原因。換言之，所謂的「普世價值」首先就涉及一個程序問題：世界上有這麼多國家，有這麼多不同的文化和價值體系，哪些價值可以成為「普世價值」？哪些價值不可以成為「普世價值」？總該有一個世界各國都能接受的篩選程序，總該讓世界各國都發表一下自己的看法。如果這麼大的事，卻只能由少數西方國家說了算，那這個世界就沒有公正可言了。

換言之，「普世」要「普世」，首先要解決一個「程序合法性」的問題，把某種東西說成是「普世」的，說成是所有國家和人民都應該接受的，那就應該經過國際社會普遍接受的某種程序來加以確立，比如召開一系列國際會議來進行討論乃至談判，最終形成國際社會的共識。唯有這樣，「普世價值」才能令人信服，才是真正的「普世」。否則的話，就會是少數西方國家，出於自己的政治、經濟和戰略利益，把自己界定的一些價值說成是「普世價值」，然後向全世界強行推銷，甚至不惜訴諸武力和戰爭手段，造成對他國人民利益與福祉的巨大損害。這種情況在過去幾十年發生太多了，從伊拉克到敘利亞不都是如此嗎？今天的委內瑞拉也是因此而岌岌可危。我們老說，落後就要挨打，所以中國人發憤圖強，解決了「挨打」的問題。但崛起的中國今天還要追問西方這樣一個問題：憑什麼你比人家發達，你就可以欺負人家，誰給你這個權利的？這是不允許的。中國在安理會的否決權就是要發揮這個作用，我們今天對「普世價值」的話語進行解構，也是要揭露西方這種霸道邏輯、強盜邏輯的不義之處。

第三，「普世價值」概念本身也存在困境，或者叫「理念困境」。西方說，「自由、民主、人權」是「普世價值」，但這似乎禁不起太多的推敲。人們不妨設問：即使在西方社會，也有各種各樣的民主、自由和人權，那麼究竟什麼樣的「自由、民主、人權」才是「普世價值」呢？比方說，美國民主花這麼多錢，這應該算「民主」還是「錢主」呢？英文中民主叫「democracy」，但美式民主花這麼多錢，更像是「錢主」，我創造了一個英文單詞「monetocracy」；鑑於西方民主給很多的國家帶來了混亂乃至戰亂，有個學者朋友發明了「democrazy」一詞，也可以翻譯成

「瘋主」。

西方到處把民主說成是「普世價值」，我們可以明確地回應，即使抽象的「民主」某一天成為「普世價值」了，西方的民主制度過去不是、現在不是、將來也不可能是「普世價值」。西方的民主制度是西方社會自己獨特文化和歷史的產物，屬於「地方性知識」，就像任正非所說，「美國不代表全世界，美國只能代表世界的一部份」。非西方國家和社會可以汲取西方民主建設的經驗和教訓，包括像把希特勒選上台這樣的深刻的教訓，但如果照搬西方民主模式，那基本上是照搬一個，失望一個，失敗一個。從今天西方自己面臨的種種危機來看，西方民主制度本身存在大量的缺陷，甚至積重難返，坦率地說，幾乎看不到希望。

「自由」也是一樣，主張言論自由的美國同時監控那麼多美國公民和其他國家公民的網上言論和通信，包括德國總理梅克爾的手機通話，這種美國特色的言論自由是全世界應該仿效的嗎？最近有個笑話，美國人對德國人說：聽說你們要買華為的 5G 設備，請你們務必不要買，中國會通過華為監控你們。德國人就問美國人：你們怎麼知道我們要買華為？美國人說：我們從梅克爾的電話裡聽到的。加拿大不是號稱有言論自由嗎？但加拿大駐華大使就孟晚舟事件發表了一些個人看法後，馬上被加拿大政府解職了。其實，所有國家的言論自由都是和責任聯繫在一起的。

至於人權，情況更是複雜。比方說，世界上絕大多數國家都接受並參加了聯合國的《經濟、社會及文化權利國際公約》（*International Covenant on Economic, Social and Cultural Rights*）和《兒童權利公約》（*Convention on the Rights of the Child*），但美國堅決不加入這些公約。換句話說，經濟、社會、文化權利，在美國不屬於人權。我曾跟美國人說，你們迄今還有超過兩千八百萬公民沒有任何醫療保險，如果你們能夠從人權的角度出發，重新審視這個問題，就可以更好地解決這個問題。但美國政府顯然不願意這樣做。其實，經濟、社會和文化權利早就是國際社會普遍公認的人權，但美國就是不承認，這對於世界上多數人民是難以想像的。美國的槍擊案這麼多，每年有三萬人死於槍擊，能不能從人的生命權來看待這個問題，好好保護美國老百姓的生命權？即便美國的制度效率低，但能不能在二十年內想辦法做到至少在美國的大城市裡，人人都可以飯後隨意地散散步？

從西方國家內部來看也是這樣。比方說，瑞典的社會福利比較高，但這種福利是建立在高稅收基礎之上的，這種高稅收在美國會被認為是損害了私有財產權。英國是西方國家裡為數不多的至今還有國教的國家，英國國教是學校的必修課。這種規定在法國就會被看作政教合一，經過法國大革命的法國人認為他們是世俗國家，一個政教嚴格分離的世俗國家，他們無法容忍英國人的做法。但法國公立學校禁止穆斯林女學生在教室戴頭巾，法國政府對電視台的壟斷權也一直持續到二十世紀八〇年代初，而這些在英國和美國目前還是難以接受的。

人權領域內有分歧，也有共識。比方說，全世界都認為鼓吹殖民主義和種族主義屬於侵犯人權，但挪威諾貝爾評審委員會硬是在二〇一〇年把諾貝爾和平獎頒給了所謂的「異見人士」劉曉波，而劉曉波是公開主張西方對中國殖民三百年的。我當時就撰文質疑挪威諾貝爾和平獎評審委員會，這樣做究竟是出於同情殖民主義、種族主義，還是對這位「異見人士」最荒謬的主張一無所知？如果說是前者，那他們就是公開蔑視人權；如果是後者，那他們就欠中國人一個道歉。

在解構西方話語方面，我推薦一個方法。一些西方國家喜歡用抽象的概念來忽悠人，我們可以反其道而行之，把他們的抽象概念適度具體化，然後再問幾個為什麼，這樣我們就不大會被西方話語忽悠了。抽象地談這些概念，自由挺好，民主挺好，人權挺好，誰能反對？但如果把這些概念適度地具體化，所謂言論自由究竟是什麼樣的？劉曉波把中國殖民三百年的言論算不算言論自由？美國大規模地監聽本國公民和外國公民的電話和電子通信，算不算限制言論自由？美國的民主是什麼樣的，「錢主」算不算民主？把抽象的概念適度具體化，就可以把問題看得非常清楚。

最後，是「普世價值」的「法律困境」。這個困境的一個核心問題就是所謂的「普世價值」能不能超越主權的問題。西方經常以「人權高於主權」的名義干預其他國家內政，但《聯合國憲章》（*Charter of the United Nations*）的首要原則就是國家主權平等的原則，並由此而引申出以不干涉別國內政、和平解決國際爭端等原則為基礎的整個現代國際法體系。從國際法演變的角度來看，只有被國際社會共同認定的「大規模粗暴侵犯人權的行為」，如侵略罪、戰爭罪、反人類罪、種族滅絕罪、種族隔離罪等，國際社會才可以授權聯合國進行干預，而且這種干預也必須依照國際法規定的程序，使用合法手段來進行。

但西方一些勢力總想當全世界的法官和憲兵，以「人權高於主權」為藉口，不惜發動戰爭。這種做法不知已經侵犯世界上多少人的人權，光是一場伊拉克戰爭就造成了多少生靈塗炭和家破人亡。如果今天到伊拉克去瞭解一下，當地很多老百姓會說，我們不喜歡薩達姆．海珊（Saddam Hussein），但過去我們就一個薩達姆．海珊，現在至少有一百個薩達姆．海珊，每一個地方都有自己的薩達姆．海珊，整個國家陷入了混亂和內戰。

還有一個問題，如果真的是人權高於主權的話，那麼現在西方國家一個都沒有實現男女同工同酬，我們是不是要呼籲對西方國家進行制裁？美國對伊拉克發動戰爭是明顯地違反人權，歐洲國家大部份老百姓都認為這場戰爭是侵犯人權，那歐盟為什麼不帶頭制裁美國呢？這個問題一旦展開之後，就可以把其他問題也看得非常清楚。如果連這樣的要求都不敢提，那只能說明西方奉行的是雙重標準，即所謂「人權高於主權」等於「西方認定的人權」高於「非西方國家的主權」，這是百分之百的霸權主義。

其實，在二〇一四年，西方也嘗到了「搬起石頭砸自己的腳」的滋味，俄羅斯總統普京用同樣的理由出兵克里米亞，支持克里米亞俄羅斯族群保護自己的人權，並讓那裡的公民通過公民投票加入俄羅斯聯邦，此時的美國和歐洲國家的領導人突然談起了國家主權不容侵犯，全世界都笑了，好一番熱鬧，早知今日，何必當初呢？

五個視角比較中美民主模式

前段時間，任正非在接受英國廣播公司（ＢＢＣ）的採訪時說：「美國不可能摧毀我們，世界也離不開我們，因為我們更先進。」這是多麼擲地有聲的話語！他還說：「西方不亮還有東方亮啊。北方不亮還有南方亮。美國不能代表世界。美國只代表世界的一部份。」還有比這更擲地有聲的話嗎？對美國這樣的國家，該說的話一定要說，該做的事一定要做，美國是最承認實力的。唯有經過交鋒，才能更好地交流。

中國話語的崛起有一個繞不過的坎，就像華為的崛起也有繞不過的坎。華為的坎是西方的技術壟斷，但華為迎難而上，通過自己的不懈努力突破了這種壟斷，實現了超越，最終得到對手愈來愈多的尊重。中國話語崛起的坎是什麼？是西方話語，這背後是西方的整個政治和文化軟實力。但這個坎我們一定要過，也一定能夠過。比方說，西方迄今還或多或少壟斷著民主的解釋權，儘管西方民主早已弊病叢生，但還享受某些話語紅利，還可以忽悠世界上不少人，包括一些中國人。我們也要向華為學習，迎難而上，在解構西方話語的同時，建構中國話語。和大家分享一個案例：何謂民主。

應該說，民主是當今世界最具爭議的話題之一。民主話題討論的難點首先在於如何界定民主，關於這一點整個世界都沒有達成真正的共識。如果你問西方人，他們往往會不假思索地說，不就是「多黨制＋一人一票」嗎？我認為這叫形式民主，與實質民主沒有必然的關係。形式可能反映實質，也可能不反映實質，但形式不等於實質，這是我們今天討論民主問題的邏輯起點。

但如果用中國人常說的「黨的領導、人民當家做主、依法治國」來討論民主，西方也很難理解。面對這樣的定義困境，我們有沒有辦法，以中西方都聽得懂的語言來討論民主呢？我認為是有辦法的。二〇一六年我在牛津大學做過一次比較中西方民主的演講，是一次有意義的中西方之間的對話。基於那次演講，再結合這些年的情況發展，我來說說我的觀點。

我認為，既然我們一時還無法就民主的定義達成共識，那我們就暫時借用一下美國總統亞伯拉罕・林肯的名言。一八六三年林肯在其著名的蓋茲堡演說（Gettysburg Address）中提出了「民有、民治、民享」（government of the people, by the people, for the people）的觀點。首先要指出，林肯當年提出「民有、民治、民享」的觀點時，他所說的「民」不包括黑人、印第安人、婦女，也不包括華人，因為美國在一八八二年還通過了《排華法案》，剝奪了華人的基本人權。而美國真正給黑人投票權是一九六五年，但這不妨礙我們暫時借用一下林肯的這個論述來討論民主問題，我認為西方學者也不介意。所以我暫時就把民主界定為「民有、民治、民享」，作為working definition（姑且可為一用的定義），然後把這三個方面中美雙方的情況逐一進行比較，以此我們可以就民主這個話題得出一些比較慎重的結論。之所以選擇美國，是因為這麼多年來，美國是最不遺餘力地在全世界推銷其政治制度的國家，所以我們就單挑美國出來比一比。

先從「民享」開始。所謂「民享」（for the people），也就是「為人民」。中國模式即便再不完美，也創造了一個巨大的經濟奇蹟。過去四十年，中國有七億多貧困人口脫貧，中國創造了世界最大的中產階層，大多數中國人的生活水準獲得了空前提升。根據中國國家統計局的數據，二〇一七年中國居民人均可支配收入，扣除價格因素，比一九七八年實際增長二十二・八倍，年均實際增長百分之八・五。中國中產階層的規模從四十年前的零，到二〇一八年為約四億。

同一時間段內，美國是什麼情況呢？美國的情況是多數人的實際收入在過去四十年中幾乎沒有增長。根據美國皮尤研究中心二〇一八年發表的調查，美國普通工人的工資，如果扣除通貨膨脹因素，與一九七八年，也就是與四十年前的水準大致持平。但美國中產階級的規模卻縮小了很多，由一九七一年佔美國成年人口的百分之六十一，下降到二〇一六年的百分之五十二。

從家庭淨資產來看，中國家庭淨資產增長迅速，美國中等家庭淨資產則下降了不少。二〇一六年美國中等家庭淨資產為九萬七千三百美元，迄今還沒有達到二〇〇七年的最高水準（十三萬九千七百美元，約合二〇一八年人民幣九十四萬元）。如果按照一美元匯兌六．七五元人民幣計算，那麼九萬七千三百美元約等於六十五萬六千元人民幣。大家可以自己判斷，美國整個國家的中等淨資產的水準，在中國應屬於什麼水準，在上海應屬於什麼水準。家庭淨資產的計算方法為用一個家庭的房產和金融資產等總資產，減去所有的債務。我的判斷是，根據美國整個國家今天的家庭中等淨資產，美國中產階級至少在中國的發達板塊，應該屬於比較弱勢的群體了。

中華人民共和國成立前，上百年的戰亂導致中國的徹底貧困。美國作家白修德（Theodore Harold White）於一九四六年發表的名著《中國的驚雷》（*Thunder out of China*）所描繪的舊中國給人的感覺就是今天非洲的剛果民主共和國，戰爭造成了上千萬人的傷亡，整個國家哀鴻遍野，經濟徹底崩潰，人均壽命才四十多歲。而短短七十年，中國的面目已經煥然一新，中國正在成為世界最大的經濟體，中國多數百姓的財富大幅增加。四十年前，怎麼可能想像比較中美兩國百姓的家庭淨資產？今天，中國一點也不害怕這種比較，這也從另一個視角說明了：在過去四十多年中，中國在「民享」方面做得比美國要好很多。難怪英國的《經濟學人》（*The Economist*）雜誌在二〇一四年發表過一篇題為〈民主出了什麼問題〉的長文，引用了美國皮尤研究中心當時的民調：二〇一三年百分之八十五的中國人對自己國家發展的方向感到滿意，而在美國這個比率是百分之三十一，英國為百分之二十五。文章認為西方推動的所謂民主化浪潮停滯了，很大程度上是由於兩個原因：一是美國的金融危機給西方制度帶來的重創，二是中國的迅速崛起。

這篇文章也引用了我的觀點：復旦大學的張維為教授說，美國民主有太多的問題，老是選出二流的領導人。我是講過這樣的話，但它引用得不準確，我的原話是：老是選出三流的領導人。現在證明我當時的預測也是對的。

我們現在可以歸納一下：四十年間，中國人的實際收入增加了二十二．八倍，而美國多數人的實際收入卻沒有增加，當然中國收入的起點低，但這樣的巨變還是了不起的。美國的中產階級規模在縮小，但中國中產階層的規模在迅速擴大，兩個國家百姓的家庭淨資產也發生了巨大的變化。

第二點，「民有」（of the people），也就是「來自人民」。中國社會具有深厚的平民文化的傳統，中國政府的「民有」程度顯然高於絕大多數西方國家的政府，特別是高於美國這樣資本力量影響過大的國家，也高於英國這樣貴族傳統很強的國家。根據我所看到的資料，中央國家機關的公務員百分之九十來自普通家庭。中華人民共和國成立以來中國共產黨的絕大多數高級幹部，都來自普通家庭；即使所謂的「紅二代」領導人，至少也在各級崗位上經歷了三十多年的歷練，積累了大量治國理政的經驗，才可能進入中國最高決策層。

反觀美國，美國國會議員中富翁佔百分之五十左右，而美國普通民眾當中百萬富翁的比率只有百分之一，川普本人也是超級富翁。美國經濟學家斯蒂格利茨（Joseph Stiglitz）乾脆將今天的美國政府描繪成百分之一「有」、百分之一「治」、百分之一「享」的政府，這不是完全沒有道理的。美國學術雜誌《政治前景》（*Perspectives on Politics*）在其二〇一四年秋季號上刊登了美國普林斯頓大學和西北大學學者進行的一項聯合研究，該研究比較了從一九八一年至二〇〇二年間美國政府制定的一千八百多項政策，得出的結論是這些政策幾乎都是由代表商業利益的特殊利益集團制定的，而基層民眾組織和普通公民對決策的影響力幾乎為零。如果後者與前者的利益發生衝突，後者是無能為力的。

第三點，「民治」（by the people），或者叫「人民治理」。坦率地說，這是一個全世界都在探索的問題。儘管西方聲稱，如何實現人民治理，西方已經找到了答案，就是每四年一次的國家最高領導人的選舉，還有國會議員的選舉，即所謂的代議制民主，就是「人民治理」，但西方相信這個說法的人現在也愈來愈少了。如今西方國家普遍出現了「選完就後悔」（elect and regret）的問題，當選後一年內國家領導人的支持率低於百分之五十的狀況已不在少數。以美國國會為例，根據蓋洛普（Gallup）民調，其過去五年的支持率一直低於百分之二十。如此之低的支持率，美國國會還宣稱自己代表美國人民，已十分沒有說服力了。

說白了，你無非就是制定了一個法律，這個法律規定，只要選上，之後不管支持率多麼低，在法律上，你還是可以代表你的國民。把這種狀況說成是「民治」和「民主」，怎麼令人信服？這正好印證了法國思想家盧梭當年對英國民主的批評：英國人只有在四年一次選舉的時候是民主的，之後他們就變成了奴隸。美國人選出了小布希（George Walker Bush），他治國無方，發動了兩場愚蠢的戰爭，也沒有察覺金融危機即將爆發，結果給美國造成了那麼多問題，最後支持率只有百分之二十左右，但還是照樣代表「民治」，這不是對「民治」的最大諷刺嗎？

二〇一九年一月，我參加了瑞士的達沃斯論壇，這次論壇的主題是「全球化 4.0 與全球治理新架構」。在討論中，一位美國的資深學者認為，新的全球治理架構還是需要以民主價值觀為基礎，我表示贊同，但我認為如何界定民主才是關鍵，它必須是國際社會通過談判達成的共識，而絕對不能是美式民主，不能是這種連美國總統本人今天都很不滿意的民主。這位學者問民主還能有其他形式嗎？我說，你講這個話需要很大的勇氣。如果你真的認為美國民主制度好，你們就留著自己用，千萬不要拉其他國家一同下水，中國是肯定不奉陪的。

那麼，過去數十年來中國人是如何探索自己的「民治」和「民主」的呢？在此，我想引入「形式民主」和「實質民主」這兩個概念。如果說西方主流觀點把民主界定為「程序民主」，認為「普選制＋多黨制」幾乎就等於民主的話，那麼中國則把重心轉到了「實質民主」的探索，認為從「實質民主」出發，也就是從民主所要實現的目標和結果出發，來探索「程序民主」，而不是相反。

鄧小平在改革開放之初就提出，中國要「在政治上創造比資本主義國家的民主更高、更切實的民主」。所謂「更高」，指的就是更高水準的民主，特別是要盡可能地代表大多數人的利益，反映大多數人的意志和關切，同時又能避免西方民主制度明顯的弊病，如資本力量影響過大、民粹主義、短視政治等。所謂「更切實」，就是能給絕大多數人民帶來實實在在的利益，而不是政客開空頭支票的「清談俱樂部」。

從民主的「目標」和「結果」出發，鄧小平還提出，評價一個國家的政治體制質量，關鍵看三條。第一是看國家的政局是否穩定。第二是看能否增進人民的團結和改善人民的生活。請注意，鄧小平把「人民的團結」和「改善人民生活」放在一起，現在看來，這是很有遠見的。西方政治模式把多少國家搞亂了，搞得人民四分五裂。烏克蘭、敘利亞陷入內戰，伊拉克和阿富汗幾乎天天都有爆炸事件，給人民帶來了多少苦難，所以「阿拉伯之春」怎麼能不變成「阿拉伯之冬」？鄧小平的第三條標準是看生產力能否得到持續發展。

我經常用這三條鄧小平標準，或者叫中國標準，來評判世界上許多國家和地區的政治制度的質量，並給它們打分。如果我們用A表示最好，D表示最差，那麼對於伊拉克、阿富汗這樣的所謂民主國家，得分就是D，對於烏克蘭這樣的國家，得分是C減到D。

總體上看，中國民主建設也是圍繞著鄧小平所說的三條標準展開的。中國比較注意融合中國歷史傳統的基因、社會主義的基因和西方模式中的有益元素，大膽地進行民主制度創新。這種探索的內容非常之廣。比方說，領導人產生的方法，美國是選舉，我們是「選拔＋選舉」。中國人自己治國理政的許多理念充滿智慧，源遠流長，如「為政之要，惟在得人」、「宰相必起於州部，猛將必發於卒伍」等觀念是中國社會上千年的普遍共識，也是中國政治文化中一種深層次的心理結構。像西方那樣，能說會道就可以競選當總統，與中國的政治文化格格不入。我們選賢任能的制度融合了中國古代的政治傳統（如歷史上的「察舉」和「科舉」制度）、中國共產黨的幹部制度傳統及西方政治制度中的一些做法，最終形成了「選拔」與某種形式的「選舉」相結合的制度。今天，一個中國高級領導人的歷練遠遠超過西方領導人。中國高層領導人大都在基層長期鍛鍊過，很多都治理過兩三個省，至少管理過一億人，還在黨、政、軍不同部門長期工作過。

隨著中國的崛起和中國模式的崛起，西方那種所謂「只要制度好，傻瓜也能治國」的神話已走向終結。過去中國沒有崛起，西方可以忽悠全世界，現在中國崛起了，人家就要說，你看看中國是怎麼做的。西方世界裡的冰島，領導人無能，國家就走向破產。美國領導人無能，美國的國運就全面走向衰敗。

其實，除了「of the people, by the people, for the people」這些標準外，我想如果用中國標準，我們還可以加一點，也就是第四點：「with the people」，即「與人民在一起」。中國迅速崛起的奇蹟就是中國各級政府與全中國人民一起幹出來的。我們的政府叫人民政府，我們的軍隊叫人民軍隊，我們的警察叫人民警察，我們的鐵路叫人民鐵路，我們的教師叫人民教師，我們的國家叫人民共和國。「人民」這兩個字是千鈞之重啊！中國國家主席習近平說，「該改的、能改的我們堅決改，不該改的、不能改的堅決不改」，什麼是不能改的？「人民」兩個字所代表的意涵，是絕對不能改的，不僅不能改，還要發揚光大，它是我們今天在這個充滿挑戰的世界上克敵制勝的法寶：緊緊地和人民在一起。正因為我們堅持了「與人民在一起」，絕大多數中國人都成了全球化進程的最大受益者，這和美國的情況正好相反。

我想我們還可以有一個第五點：「to the people」，就是我們常說的「到群眾中去」。比方說，我們決策過程的最大特點是「從群眾中來，到群眾中去」，中國已經形成了一種「新型民主集中制」。舊民主集中制是蘇聯模式的產物，最後變成了只有集中，沒有民主，而中國汲取了蘇聯民主集中制度的教訓，已經形成了「謀定而後動」的「新型民主集中制」。比方說，國家五年計畫的制定，現在已經定期化、制度化，上上下下、成百上千次的協商，包括「從群眾中來，到群眾中去」、「請進來、走出去」等一系列方法，最後才形成有質量的共識。從國際比較的角度來看，中國政治制度的戰略規劃和執行能力大概都是世界上最強的。一個接一個五年計畫的順利制定和成功執行奠定了中國迅速崛起的穩固基礎。西方人經常感嘆，西方的公司都有短、中、長期的規劃，但西方國家沒有國家發展的戰略規劃。很大程度上，這是因為多黨競選制度決定了一個政黨所制定的規劃，換了一個政黨來執政，就難以延續了。奧巴馬的醫改計畫，換個總統就偃旗息鼓了。中國是一屆接著一屆幹，直至成功，西方經常是一屆對著一屆幹，坦率地說，怎麼和中國模式競爭？

我的結論很簡單：世界上沒有十全十美的民主模式，一切在於比較。從中國模式與美國模式在以上五個方面的比較，我認為中國模式相對勝出，而且前景看好，當然我們還有許多不足和挑戰，我們還需要通過進一步的改革才能做得更好。但哪怕就現在這個水準，中國模式也可以和美國模式競爭，並且我們可以做得更好。

好民主才是人民之福

現在網路上有一種觀點，叫作「不要比爛」。你說，阿富汗、伊拉克搞了民主，結果一個比一個糟糕。他問，為什麼要比爛？你說，印度搞了民主，但印度的發展遠遠落後於中國。他問，為什麼要跟印度比，不能跟美國比？你說，美國多數人的收入在過去四十年中沒有增長，結果導致了民粹主義氾濫和川普上台。他又問，不要比爛，你為什麼不和北歐國家比呢？其實，和北歐國家也是可以比的。

這種說「不要比爛」的人往往有一種心態：容不得別人說中國好，容不得別人說中國進步快。這些人大都還生活在對西方世界的無比憧憬之中。只要中國的制度和做法跟西方的不一樣，就是中國不對。

其實，所謂「比爛」，其始作俑者是西方人，不是中國人，是英國首相邱吉爾（Winston Churchill）的那句名言：民主制度並不好，但其他制度還不如民主制度好，所以西方民主是最不壞的制度。這其實就是「比爛」的最早版本。這句話被許多人視為經典，一說到西方民主存在很多問題，他們就說這是「最不壞的制度」，結果導致很多人、很多國家，不思進取，即使他們的民主已經變成了「爛民主」，他們還是覺得心安理得，反正其他制度都不如我們的好。

這就引出了我想討論的話題，我稱之為「好民主才是好東西，爛民主只能是爛東西，或者叫壞民主只能是壞東西」。我去過很多地方，對西方民主的忽悠給其他國家造成的困境和災難，感同身受。我的結論很簡單：談民主問題，一定要區分「好民主」還是「爛民主」，否則要出大問題。

早在二〇〇六年，我就給《紐約時報》國際版寫過一篇文章，介紹中國模式，同時也批評西方輸出其民主模式，甚至不惜發動戰爭來這樣做。我寫道：西方強行輸出自己的民主模式，給開發中國家帶來大量的問題，西方意識形態掛帥，推行大規模的激進的民主化，無視一個地方的具體情況，把非洲和不甚發達的地方，看成了西方體制可以自然生長的成熟社會，在寬容的政治文化和法治社會形成之前，就推行民主化，結果是令人沮喪的，甚至是災難性的。

我當時引用了兩位美國教授愛德華・曼斯菲爾德（Edward D. Mansfield）和傑克・施奈德（Jack Snyder）寫的專著，書名很有意思，叫《從選舉到廝殺：為什麼新興民主國家走向戰爭》（*Electing to Fight: Why Emerging Democracies Go to War*）。書中列舉了大量的案例，從整個二十世紀九〇年代舉行所謂的自由選舉之後，一些國家馬上進入戰爭狀態，亞美尼亞和亞塞拜然開戰，厄瓜多和祕魯開戰，衣索匹亞和厄利垂亞開戰，蒲隆地和盧安達內部開始大屠殺，一百多萬人喪生。

其實，西方強行在非西方世界推行西方民主模式，是一種「民主原教旨主義」，給這個世界帶來的災難多於幸福。後來的「阿拉伯之春」成為「阿拉伯之冬」也是這樣。二〇〇三年小布希發動伊拉克戰爭的時候，推行了一個阿拉伯民主改造的計畫，他認為恐怖主義的根源是因為阿拉伯國家沒有成為民主國家。結果到二〇〇六年，他把這個計畫暫時擱淺了。為什麼？因為在巴勒斯坦一人一票選出了哈馬斯政權，而哈馬斯政權在美國人眼裡，是一個恐怖主義組織。但到二〇一一年前後，中東出現亂象之際，美國又開始推動中東地區的所謂「第二波民主化」，也就是「阿拉伯之春」。當時西方世界一片歡呼聲，偉大的西方民主模式終於降臨到了阿拉伯世界。當然，我們已經看到結局，「阿拉伯之春」很快變成了「阿拉伯之冬」，上百萬甚至更多的難民要麼已經流入歐洲，要麼時刻準備著流向歐洲，這也成了歐洲今天最頭疼的政治難題。

二〇一八年，復旦大學中國研究院和德國智庫溝通，專門花時間瞭解中東難民問題的規模，德國研究機構說，土耳其至少有三百萬來自中東地區的難民在等著，難民問題簡直成了土耳其政府的「人質」，動不動就用難民問題向德國要錢。整個北非至少還有三百萬難民等著，其中利比亞至少有一百萬，隨時準備湧向歐洲。德國總理梅克爾最初的設想是，德國帶頭先接收難民，反正德國經濟也需要勞動力，不如就以人權和人道主義的名義歡迎中東難民。梅克爾當時天真地估計其他歐盟成員也會跟上，沒想到其他歐盟成員忘記了「普世價值」，他們只是把難民送到德國的大門口：既然德國人喜歡就讓德國人來處理吧。結果梅克爾在德國的威望一路下滑，現在已經準備退出政治舞台了。其實歐洲是搬起石頭砸自己的腳，當初為什麼要大力支持「阿拉伯之春」呢？真是早知今日，何必當初！

還要提一下南斯拉夫解體，我曾實地考察了兩次，今天想起來都痛心。我第一次去南斯拉夫是一九八六年，當時我感覺南斯拉夫就是已開發國家，覺得中國哪一天能夠達到這種水準，那就太好了。南斯拉夫首都貝爾格勒看上去一片繁華，公寓、別墅、高速公路、超市，都給我留下非常深刻的印象。但後來南斯拉夫解體後，我又專門實地考察了幾個獨立的共和國，感觸良多，真是「一失足成千古恨」。

民主是西方最喜歡向全世界推銷的東西，但西方自己卻忘記了，西方歷史上很多思想家在談到民主的時候，都是慎之又慎的。今天我就想和大家分享一些有很大影響力的西方思想家對民主問題的思考。

談民主一般都要追溯到古希臘，因為那是公認的西方民主的發源地。那是一種原始的民主狀態，古希臘有很多所謂的「城邦」，規模大概等於中國今天的村和鎮的人口數量，在那裡男性公民，不包括婦女，也不包括佔人口多數的奴隸，通過召開公民會議來決定是否對外宣戰，是否對外媾和，還有法庭對犯人要判什麼刑等。古希臘大哲學家蘇格拉底，就因「腐蝕青年思想」的罪名被這種一人一票的民主制度判處了死刑。他的學生、古希臘的另一位大哲學家柏拉圖，對此憤憤不平，認為這樣的民主等於是「暴民政治」，英文叫「mob politics」。柏拉圖認為：人的智力、品行和能力是有差異的，而古希臘的民主否認這些差異，預設所有男性公民，不分良莠，都應該行使同樣的政治權力，結果必然導致「暴民政治」。他還講了一個故事。他說，如果你生病了，你是找一個經過良好訓練、有資質和大量實踐經驗的醫術精湛的大夫，還是到廣場上讓毫無醫學知識的人隨便給你選個人幫你治病？他說你當然會找專業大夫，而治理國家這樣的事情，其責任和難度，百倍於大夫，那麼你該找誰呢？毫無疑問，應該找有資質、有經驗的治國人才。我想，柏拉圖的觀念和中國人的觀念是高度一致的，也就是治國要靠專業人才，而人才要有歷練和資質。光是能說會道、耍嘴皮子就能當國家領導人，對於絕大多數中國人來說，屬於匪夷所思。我想這也是今天西方民主制度一路走衰的主要原因。所以我經常跟美國的「民主原教旨主義者」說：如果你們真的覺得你們的制度好，一定留著自己用，別拖著別人下水，我們不奉陪。

西方把本應該是文化深厚、操作精緻、內容豐富的民主大大簡化．連國情、文化、傳統、教育水準、法治水準等基本要素都變成了可有可無的東西，只要有「多黨制＋一人一票」，就是民主。在推動這種粗糙簡陋的程序民主的同時，還創造一套指標體系來證明西方民主就是好。結果是什麼？結果是世界上劣質民主層出不窮，多少國家一失足成千古恨，致使國家陷於長期動盪甚至戰亂之中，經濟凋敝，民不聊生。今天西方國家自身也感受到「民主原教旨主義」帶來的危機。英國脫歐就是一個典型的案例。政客想通過豪賭公民投票，拿國家利益當兒戲，結果把戲演砸了。

所以我說，歷史經驗一再證明：好民主才是人民之福，爛民主只能是人民之災；好民主才是好東西，爛民主只能是壞東西。關於爛民主還有一個經典案例：「多黨制＋一人一票」選出了德國的希特勒。那是一九三二年，希特勒的納粹黨利用德國百姓對經濟和社會問題特別是失業問題的嚴重不滿，採用民粹主義手段，輕而易舉地獲得了百分之三十七．四的選票，成為德國國會第一大黨。德國產生了許多長於理性思維的哲學家，但德國人通過「多黨制＋一人一票」選出了仇視人類的希特勒，不僅給德國帶來滅頂之災，甚至幾乎毀掉了整個西方文明。我想如果柏拉圖能夠活到一九三二年的話，他肯定會說：我早就預料到了這一切。

而古希臘的另外一位大哲學家亞里士多德則有這麼一個洞見：民主制度要成功的話，需要兩個元素，第一是要有足夠大的中產階層，第二要有法治。如果一個國家沒有一個比較大的中產階層，他認為民主制度很難成功，因為在一個兩極分化嚴重的社會，窮人會忌妒富人，社會就會出現持續的不穩定。亞里士多德認為中產階層是社會的穩定器，因為中產階層自我感覺易滿足，比上不足比下有餘。民主制度需要一個比較大的、崇尚穩定的群體支撐，才能鞏固。

關於法治，亞里士多德則認為這對維持民主政權的穩定非常重要。民主會出現各種各樣的爭議，沒有法治就無法解決各種爭議。如果解決不好，這些爭議可能發酵，直至毀滅一個國家。比方說，一旦選舉出現了選票統計上的爭議怎麼辦？大家要聽最高法院的裁決，否則就會出現輸者不服、民主遊戲玩不下去的局面，就會導致國家混亂，甚至崩潰。

採用西方民主制度之後，許多國家陷入危機和動亂，這既與缺少中產階層有關，也與缺少法治有關。過去一般認為，西方國家，特別是像美國這樣的國家，民主制度早已成熟，不會經歷這樣的危機。但在二〇一二年美國總統競選中，我們看到了令西方很多人瞠目結舌的場景：在川普和希拉蕊進行的競選辯論中，電視主持人華萊士（Chris Wallace）問川普，如果萬一您輸了，您是否會接受這次投票的結果。川普面對攝影機、現場觀眾和電視機前的億萬觀眾，顧左右而言他，說：「我留給你一個懸念，我到時候會看。」而在另一個場合，他又說：「當然，我會接受完全公正無誤的投票結果，但我也保留質疑並調查存在疑問的投票結果的權利。」當時美國主流媒體一片譁然，認為美國總統候選人準備挑戰美國的法治了，這是不可思議的。

最近情況也是一樣，美國媒體經常報導川普在國內面臨各種各樣的指控，從「通俄門」到偷稅、漏稅等，川普可能會遭彈劾而下台。但川普的律師魯迪·朱利安尼（Rudolph Giuliani），也是一位共和黨的資深政客，是這樣說的：這樣的舉動會讓美國陷入混亂，「有些支持川普的民眾會『造反』」。已經有很多媒體報導，如果川普遭彈劾，他的鐵桿粉絲會暴動。今天很多美國人感嘆：美國曾經引以為豪的民主制度，現在愈來愈降低到「第三世界」的水準了。

談民主，我們還要提一下法國的啟蒙思想家盧梭，他是最早在西方提出「主權在民」思想的人，這個思想激勵了一代又一代法國的仁人志士，甘願為民主拋頭顱、灑熱血。他在《社會契約論》（*Du contrat social ou Principes du droit politique*）這本著作裡提出了一個頗有見地的觀點，很多學者看得不夠仔細，可能沒有加以足夠的注意，他說假設你生活的這個國家很小，只有一萬公民，那麼你手中的一票，影響力是萬分之一。但如果這個國家的人口變成十萬，那你這一票的影響力一下子就減少了十倍，從萬分之一到十萬分之一。同樣，如果這個國家的人口變成一百萬，那你的影響力、你手中這張票的影響力，就減少一百倍。他的結論很簡單：人口愈多，選票的影響力就愈小。所以他覺得像一人一票的民主，更適合小國家，而且小國家的貧富差距不能太大，社會矛盾不能太激烈，否則民主將很難實行。盧梭的這個見解是有道理的，國家愈大，人的感覺就是自己手中選票的影響力愈小，自己離政治決策中心的距離愈遠。這也是中國這樣擁有超大型人口的國家在建設民主的時候，要特別思考的一個問題。

還要提一下西方自由主義的一位重要學者海耶克（F. A. Hayek），他對西方民主制度有很多疑慮，他認為民主應該被嚴格地界定為一種決策程序，一種程序民主，而不是終極價值。不管人們如何評價海耶克的自由主義學說，但在其名著《通往奴役之路》（*The Road to Serfdom*）中，他對民主建設提出的忠告值得注意。他說：「我們無意創造一種民主拜物教。我們這一代人可能過多地談論和考慮民主，而沒有足夠地重視民主所要服務的價值。」海耶克特別反對民主對多數的濫用，認為即使是多數同意的決定也不一定具有合法性，比方說大部份人決定要分掉小部份人的財產等。他提出的這個概念「民主拜物教」很有意思，有點兒像我所說的「民主原教旨主義」。那些極力在全世界推銷西方民主的人，幾乎都是「民主拜物教」的信徒，都是「民主原教旨主義」的信徒，他們主張為民主而民主，而民主又只有西方形式民主這一種形式，結果把多少國家搞得四分五裂，也導致了西方自己的一路走衰。

毫無疑問，隨著二〇〇八年金融危機的爆發，隨著川普上台，隨著「阿拉伯之春」變成「阿拉伯之冬」，西方民主的光環開始迅速褪色，但我們還是要注意，西方民主模式儘管遭遇重大挫折，但西方民主話語的紅利還沒有耗盡，西方甚至有時候還可以繼續唱「空城計」，還可以忽悠包括中國在內的許多國家的糊塗人。正是在這個意義上，我認為光說「民主是個好東西」是不夠的，就像說汽車是個好東西，因為汽車比馬車跑得快，誰都懂這個道理，但我們還要瞭解道路的狀況，汽車就沒法開在泥濘的小路上。另外，比汽車跑得更快的交通工具還有很多，如高鐵、磁懸浮、飛機等，人類還會有新的創新。所以，與其說民主是個好東西，還不如說「好民主才是好東西」。也有人會說，這樣會使問題複雜化，比方說，我們可以講社會主義是個好東西，那麼你是否也可以說好社會主義才是好東西。其實，問題沒有那麼複雜，因為民主這個概念，已經被西方先註冊了，西方幾乎掌握了定義權，在這種情況下，如何突破西方話語對民主這個概念的壟斷，使我們有必要加上一個形容詞，才能把事情說得更清楚。

我還要指出，隨著西方民主自身危機的加深，愈來愈多的西方有識之士意識到了西方政治模式的困境。二〇一〇至二〇一一年，比利時經歷了五百多天無中央政府的政治危機，之後比利時的一批知識份子於二〇一一年十一月發表了《千人集團宣言》，並在宣言中非常直白地指出：「除了民主，現在全世界的革新無處不在。比如公司必須不斷創新，科學家必須不斷跨越學科藩籬，運動員必須不斷打破世界紀錄，藝術家必須不斷推陳出新。但說到社會政治組織形式，我們顯然仍滿足於一八三〇年代的程序。我們為什麼必須死抱著兩百年的古董不放手？民主是活著的有機體，民主的形式並非固定不變，應該隨著時代的需要而不斷成長。」

總之，西方許多有頭腦的哲人對民主制度作過很多認真的思考。不管他們的意識形態傾向如何，他們對民主的思考水準，從總體上看，遠遠高於今天那些在全世界到處推行「民主原教旨主義」的人。

西方人權話語的缺陷

現在有一種說法，認為一九四九年中華人民共和國的成立，解決了「挨打」的問題，改革開放解決了「挨餓」的問題，現在我們要解決「挨罵」的問題。西方以及受西方勢力影響的很多人天天在罵中國，毛澤東曾說過，帝國主義是如此地欺負我們，這是需要認真對待的。

在人權問題上，西方已經習慣於當全世界的法官，喜歡教訓別人。其實，西方的人權觀，無論是在理論上還是在實踐中，都存在大量的問題，一點就破。西方對中國妖魔化的一個論調就是，不管中國取得什麼樣的成就，它都要質疑：為什麼中國人權狀況每下愈況。

我們在相當長的時間內，對西方人權話語的回應不夠強勢。我們經常用的話語是：我們還是一個開發中國家，對於我們來說，生存權和發展權是最重要的。這樣的話語有道理，但我個人認為還不夠透徹和強勢，或多或少留了一個口子：我還沒有發展到你的水準，還不能採用你現在的標準，所以西方可以繼續維持自己的道德制高點，可以隨時敲打我。我個人認為，在人權問題上我們首先就是要非常自信地剝奪西方的道德制高點。

對於西方無端的人權指控，我有幾個回答在很多國際場合都用過，效果不錯。二〇一七年，我參加了在荷蘭舉行的奈克薩斯思想者大會，西方學者劈頭就質疑中國人權問題，我說中國今天每年出境的人數已經達一億兩千萬人次，百分之九十九・九九九都回到了中華人民共和國，他們為什麼回到一個照你們說沒有人權的地方？為什麼回到一個照你們說人權每況愈下的地方，這是不可能的，情況一定是恰恰相反，中國一定是世界上人權進步最快的地方，人民對自己和對國家前途最樂觀的地方。這是個常識判斷，如果這一點都不承認的話，那我們還怎麼交流？

如果是美國人質疑中國人權問題，你可以告訴他，二十一世紀對人權最大的侵犯就是美國發動的伊拉克戰爭，超過十幾萬的平民無辜死去，數百萬人無家可歸；你可以告訴他，如果美國不就自己侵犯伊拉克人權的情況作出解釋和道歉，怎麼有資格來和中國談論人權？

你還可以告訴他們一個如何看待人權的方法，就是一定首先要問這個國家的人民，而不是問美國人和歐洲人。我認為談論中國人權的好壞，應該先問無論在中國境內還是在境外的中國人，中國人權是好還是壞；你也可以查一查西方有信譽的民調機構，如美國的皮尤研究中心、法國的益普索等過去五年到十年在中國做的民調。這些民調幾乎都證明，中國人是對自己國家前途最樂觀的，絕大多數中國人認為自己的國家走在正確的道路上。

中國文化和西方文化有一個很大的差別。中國人常說，三人行，必有我師；西方人似乎更相信三人行，我必為師。因此，對於中國，西方甚至要十三億人行，他必為師。這就太傲慢和無知了。

這種傲慢和無知的一個突出表現，就是很多西方人總認為自己最瞭解這個世界。他們認為自己比非洲人更瞭解非洲，比俄羅斯人更瞭解俄羅斯，比中國人更瞭解中國。我去過不少非洲國家，西方總認為非洲的民主化必須是壓倒一切的，但至少應該問一問非洲人自己是怎麼考慮的。從我所瞭解的情況來看，非洲人最想解決的人權問題首先是吃飯問題、就業問題、治安問題、消除疾病問題，但西方硬要把民主化放在第一位，結果使多少非洲國家陷入了動亂和饑荒？

中國現在積極在非洲推動「一帶一路」，西方則質疑中國為什麼不對一些所謂非洲獨裁國家進行制裁。這就涉及一個理念上的巨大差別。從中國人的理念來看，消除貧困本身就是一項核心人權，幫助非洲國家脫貧就是在實現一項核心人權，任何國家都不能找任何藉口來阻礙這項人權的落實。這就像國際紅十字會的人道主義救援活動，它是不分敵我的，而是從人道主義角度出發進行的。如果要制裁一個國家，那需要通過聯合國授權來共同進行，而不能只是幾個西方國家說了算。西方在非洲什麼都按照自己的標準行事，成了一種政治勒索，受援國家怎麼可能發展起來？這也是為什麼愈來愈多的非洲國家把目光投向中國，他們的說法叫作「向東看」（looking East）。

西方之所以老是盯著中國人權問題不放，一個主要原因是他們習慣了「西方中心論」和「歷史終結論」的邏輯，認為只有西方的政治制度和做法，才能代表人類最好的制度和做法。你跟我不一樣，你就是不文明。對於這種傲慢，我們必須給予迎頭痛擊。

西方人權話語體系，從表面上看，頭頭是道，其實存在著一些基本缺陷。下面我把西方人權話語體系的主要缺陷略作簡單的分析：

第一，我們今天講人權，如果採用聯合國的人權標準的話，一般有第一代人權，也就是政治、公民權利；第二代人權，一般指經濟、社會和文化權利；還有第三代人權，如環境權利等。西方人權體系的缺陷是在不同的人權之間缺少一種平衡。西方一般強調的主要是政治權利和公民權利。比如美國這樣的西方國家，到現在連第二代人權，即經濟、社會和文化權利都不承認。美國是世界上參加國際人權公約最少的國家之一。聯合國共有九個核心國際人權公約，美國有六個沒有參加——《經濟、社會及文化權利國際公約》、《消除對婦女一切形式歧視公約》（*The Convention on the Elimination of all Forms of Discrimination Against Women*）、《保護所有移徙工人及其家庭成員權利國際公約》（*The International Convention on the Protection of the Rights of All Migrant Workers and Members of Their Families*）、《身心障礙者權利公約》（*Convention on the Rights of Persons with Disabilities*）、《保護所有人免遭強迫失蹤國際公約》（*The International Convention for the Protection of All Persons from Enforced Disappearance*），以及《兒童權利公約》。

美國現在還有超過兩千八百萬人口沒有參加醫療保險，這其中包括不少來自中國的留學生。美國婦女沒有帶薪產假。這些都屬於違背《經濟、社會及文化權利國際公約》的，當然美國沒有參加這個重要的國際人權公約。西方國家幾乎迄今為止都沒有做到男女同工同酬，這也是違反《經濟、社會及文化權利國際公約》精神的。有一次一位英國女學者向我質疑中國的人權問題，我說：妳最好首先關心一下妳自己的人權，關心一下妳自己和貴國的女同胞什麼時候能夠實現男女同工同酬，這是違背聯合國《經濟、社會及文化權利國際公約》第七條第一款的。美國的問題則更為嚴重。從美國總統川普的競選開始直到今天，美國的種族矛盾、族裔矛盾、種族歧視等問題，按照聯合國標準，都涉及基本人權的問題。川普總統就職後，美國各種右翼的活動明顯上升。二〇一七年美國的仇恨犯罪（hate crimes）數量上升了百分之十七，所謂仇恨犯罪就是基於種族、膚色、民族等的犯罪行為。

第二，個人權利與集體權利關係的困境。西方強調人權是個人的權利，有一定的道理，因為他們擔心集體權利會被濫用，成為損害個人權利的藉口。但這種擔心也有不合理的一面，因為個人權利的濫用也會導致集體權利的損害。比方說，一位法國漫畫家和一位丹麥漫畫家以個人的言論自由權，挑釁十多億穆斯林，褻瀆伊斯蘭教「先知」。一個理想的人權保護體系應該兼顧個人和集體權利，兼顧自由與責任。權利與義務之間應該有一種平衡，在這方面，我認為，中國人強調權利與義務平衡的哲學理念將更適應全球化時代人權發展的趨勢。

第三是一個國家有沒有權利根據自己的國情選擇推動人權的優先順序。西方認為沒有，這是荒謬的。其實，沒有一個國家可以同時實現所有的人權。西方在開發中國家推動人權的方法幾乎都是政治權力壓倒一切。這麼多開發中國家在西方的指導下，嘗試了政治權優先，而不是消除貧困優先，結果很糟糕。在一個充滿貧困的國度裡，按西方的邏輯去推動人權，結果就出現了伊拉克、阿富汗這樣的「爛民主」：缺少基本的社會秩序，幾乎每天都發生各種爆炸案。

其實，實現人權應該有輕重緩急。中國人沒有按照西方的邏輯去做，中國把消除貧困作為核心人權，在短短四十年內實現了七億四千萬人口的脫貧，創造了世界最大的中產階層。如果按照西方的標準做，消除貧困根本就不是人權，畢竟美國至今連經濟、社會、文化權利都不承認。所以我們不等西方覺醒了，就這樣做了，總體效果非常之好。這對整個開發中國家都是一個巨大的鼓舞和啟迪，因為開發中國家的最大問題就是消除貧困。無疑，會有愈來愈多的非西方國家希望借鑑中國的扶貧經驗。

第四個缺陷是法條主義問題。西方把人權問題基本上都看成是法律問題，認為只有法庭可以受理的人權問題才能算人權問題，這在法制不健全、律師力量不足的開發中國家很難操作，代價也非常昂貴。我個人認為，從中國的經驗來看，促進人權最好的辦法是在推動法治建設的同時，通過政治手段來促進人權，這樣做更容易取得成效，這是中國促進人權的一條重要經驗。

當然在討論人權時，我們也要指出，有些人權屬於核心人權，是人類社會應該接受的共同底線，比方說禁止酷刑和奴役制度、人有思想的自由、人不能被隨意逮捕等。在這些問題上，中國和世界上多數國家的主流觀點沒有分歧。美國對關塔那摩監獄（Guantanamo Bay detention camp）的犯人實行了酷刑，引起整個世界的反感，就是因為這些做法觸犯了人類文明的共同底線。

還有一個問題是一個民族的文化傳統與人權的關係，這關乎人權機制或者體系下一步應如何發展。國內曾經有過一個小小的爭議，有一首歌在十多年前非常流行，叫作〈常回家看看〉。歌詞是「陪同愛人常回家看看，媽媽準備了一些嘮叨，爸爸張羅了一桌好飯，生活的煩惱跟媽媽說說，工作的事情跟爸爸談談」，這首歌當時一下子就在整個中國流行起來了。一些女權主義者認為這首歌歧視了婦女，但大多數中國人不這麼認為。他們認為現代化進程導致了生活的過份忙碌，但再忙我們也不應該忘記自己的父母。這首歌唱出了中國人的文化傳承，這是一種溫馨的人文傳統。

每一個社會都有自己的文化傳統。中國是一個「文明型國家」，中國人的文化傳統比西方人權理念的出現要早得多。世界上的事情不能什麼都套用西方形成的人權標準。世界人權事業的未來方向應該是更多地包容不同的文化和智慧，從而豐富人權的理念。我們要防範那種把自己的文化說成是「普世價值」、把別人的文化說成是落後習俗，然後把自己的東西強加於人的做法。

今天國際政治中的一個新問題是中東難民湧入歐洲的問題，它也和人權有關，它反映出整個西方人權機制面臨著巨大的困境。西方國家支持「阿拉伯之春」，但很快就變成了「阿拉伯之冬」，利比亞陷入無政府狀態，葉門同時進行著三四場戰爭，這樣一個小國，連兩千萬人口都不到，同時進行著部落的戰爭、族裔的戰爭、宗教的戰爭，還有南北方圍繞國家統一還是分裂的戰爭。同樣悲慘的還有敘利亞，十五年前我曾去過敘利亞，當時那裡可以算是一個比較和平繁榮的國家，大概有中國二十世紀八〇年代的水準。但今天這個國家一半的人口成了難民，主要城市都成了殘垣斷壁。我對西方人說，你們是在這些國家造孽！把伊拉克搞亂了，把利比亞搞亂了，把敘利亞搞亂了，其實這些國家過去都不窮，有的甚至相當富裕，他們過去的人均 GDP 都高於中國，現在幾乎變成了人間地獄。但西方現在還企圖搞亂中國，對於這種企圖，我們要給予迎頭痛擊。

所以我跟歐洲人說：「阿拉伯之春」爆發的時候，你們是一片歡呼聲，但過去的這些年，我們看到這個地區充滿了混亂和戰亂，已經有一百多萬難民流入歐洲，還有更多的難民在路上，這已經把歐洲政壇攪得昏天黑地，今天歐洲的主要問題幾乎都和難民危機有關。這背後所展現的人權困境，即西方當初推動「阿拉伯之春」，顯然不符合當地的民情與國情，結果是嚴重的水土不服，導致全面打破了當地過去一些非常微妙的族裔的、宗教的平衡，變成了內戰。

而在難民來到歐洲之後，西方人的很多行動和言論，也都是違反人權的。歐盟國家都簽署了聯合國《難民公約》，這個公約有一個重要條款，叫「non-refoulement」，這是一個法文單詞，在英文中也這樣用，就是不能推拒的意思。也就是說，難民如果到你的國家申請避難的時候，你不能推拒，而是要甄別他是不是難民，但現在你連這個都做不到，而是派重兵把守邊界，攔上鐵絲網，全部拒絕在外，這就違反了你們簽署的《聯合國難民公約》。歐洲的民主國家，當初幾乎都是積極推動「阿拉伯之春」的，有的甚至是直接進行軍事干預的國家，像英國和法國則是帶頭進行軍事干預的國家，今天闖了禍，搬起石頭砸自己的腳，難民湧到了家門口，全都不接收，連甄別程序都不給人家。這些難民，在本國許多都是中產階層，但國家完了，他們的一切也完了，這就是中國人講的「國破家亡」。中國人過去經歷的太多了，這就是為什麼多數中國人把國家的命運看得很重，也是為什麼中國人痛恨西方搞亂中國的圖謀，痛恨那些幫助西方搞亂中國的「帶路黨」。

現在歐洲內部困難重重，經濟情況也不好。而西方國家的制度，只對自己國民負責，現在經濟不好自顧不暇，哪有精力和資源來照顧湧入的難民。所以我跟歐洲人也說，你們老是搞人權外交，但歐洲內部各個領導人的說法都不同，德國總理梅克爾是一種說法；英國前任首相卡麥隆（David Cameron）是另外一種說法，卡麥隆早就說過英國的多元文化政策已經失敗；匈牙利總理歐爾班（Viktor Orbán）又是一種說法，歐爾班非常明確地拒絕歐盟分攤難民安置的計畫。你歐洲內部都沒有達成關於人權的共識，又怎麼好意思向全世界推動人權外交呢？

所以，我從總體上認為，中國已經到了這麼一個階段，中國人自己也可以把人權問題說得清清楚楚，特別是從中國人的視角，把西方的人權問題，把世界的人權問題，把西方推動所謂人權外交所造成的各種人權問題，都說得清清楚楚。這也是今天我們解決「挨罵」問題的一個重要方面。

「整體利益黨」還是「部份利益黨」？這才是關鍵

近些年，美國和一些西方國家對中國的態度發生了很大變化，原因是西方自己長期地誤讀中國，誤讀中國共產黨。直到二〇一二年，西方主流政治觀察家還認為中國要崩潰。中共「十八大」召開前夕，我在英國廣播公司接受採訪，主持人問我的第一個問題就是，你覺得中共還會有「十九大」嗎？我當時笑了，我說，過去這麼多年，你們對中國的政治預測，哪一次是對的？我一個人的預測都比你們預測得準。西方主流政治學者、主流媒體人、主流智庫，他們的指導思想還是「西方中心論」和「歷史終結論」，只要中國的做法和西方的做法不一樣，中國就不對，就要走衰，甚至要崩潰。

但是，「兩岸猿聲啼不住，輕舟已過萬重山」，我們不必等西方覺醒，我們要大踏步地邁向世界經濟和政治舞台的中央。而他們的學者、他們的智庫、他們的媒體、他們的政客大都還沒有做好準備。

於是就出現了美國今天的極端焦慮、不知所措、進退失據。一會兒關閉孔子學院，一會兒吊銷中國學者的簽證，一會兒宣稱中美之間是不同種族的競爭，還有人要和中國經濟「脫鉤」。川普總統甚至宣佈國家進入緊急狀態，以防範外國公司威脅美國國家安全。坦率地講，中國一家公司可以讓美國總統宣佈整個美利堅合眾國都進入緊急狀態，這本身不就很震撼嗎？現在變成我們要提醒美國：你要自信，你還是超級大國，沒有人要奪你的權。但美國人不信，總覺得中國正在動搖他們的一切，而中國沒有這個意圖。

其實，美國乃至整個西方對中國的誤讀由來已久。大家如果關注時政，一定知道西方主流媒體，一旦涉及中國政治和政黨，提出的問題總是那麼幾個：「為什麼中國只有經濟改革，沒有政治改革？」、「沒有政治改革，中國怎麼能成功？」、「中國什麼時候放棄一黨制？」，等等，我把這叫作「懶漢做學問」、「懶漢做媒體」，靠一個它自己界定的所謂「普世價值」，不需要做調查研究、不需要瞭解不同國家的文化和歷史傳統，只簡單根據你跟我不一樣，就認定你是落後的。這真是「武大郎開店，比我高的不要」，正是這種心態導致西方制度日益僵化，社會菁英不思進取、不思改革，結果只能是「黑天鵝現象」層出不窮，人民愈來愈失望。

現在是我們經常跟美國人說：你要自信一點，如果「四個自信」做不到，就做到「一個自信」吧。「一個自信」就是交流自信，現在連正常的學術交流和文化交流都害怕，哪裡還有一個大國的氣度呢？

西方讀不懂中國政治制度，尤其讀不懂中國共產黨，這是問題的關鍵所在。這很大程度上源於西方長期以來的意識形態偏見，也源於在西方經驗基礎上所形成的西方社會科學的偏見。隨著中國的崛起，整個外部世界希望瞭解中國共產黨的願望愈來愈強。今天到歐洲或者非洲舉辦一個談中國共產黨的講座，聽眾會趨之若鶩，當然前提是要講得好，講得人家能夠聽懂。美國也是一樣，只是最近美國的極右勢力對中國的迅速崛起是真的害怕了，他們正在掀起一股「反華反共」的逆流，愈來愈像二十世紀五〇年代的麥卡錫主義（McCarthyism）。美國號稱有學術自由，但今天能夠頂住這股逆流的學術機構還真不多，這也有助於我們瞭解美國真正的政治生態和學術生態，當然這一切最終的最大受害者將是美國自己。受西方話語的影響，許多人讀不懂中國共產黨。其實，我們可以用大家都能夠聽懂的語言，把中國共產黨講得清清楚楚。

首先，中國共產黨雖然名字叫「黨」，但和西方政黨的「黨」的含義完全不同。大家知道英文中，黨這個詞叫「party」，法文叫「parti」，西班牙文叫「partido」，詞根都是「part」，也就是「部份」的意思。所以西方的政黨理論，說簡單也很簡單，就是一個社會由不同的利益團體組成，每個團體都要有自己的代表，也就是一部份利益的代表。在某種意義上，這就是多黨制的起源。所以西方的政黨是公開的「部份利益黨」，然後不同「部份利益黨」通過競選和票決制對執政地位進行競爭：你得百分之五十一的選票，我得百分之四十九的選票，你就贏了，我就輸了。理論上，一個多元的社會，在遵守法制的前提下，可以這樣通過票決制，先是「分」，然後走向「合」。如果有爭議，由最高法院裁決，大家不同意也要同意。

但非西方社會採用西方模式之所以頻頻失敗，一個重要原因是一旦社會這樣「分」了之後，就再也「合」不起來，最高法院的裁決也沒有用。其實，今天西方社會也面臨著同樣的挑戰。美國現在就「合」不起來，一個川普，把整個美國社會深深分裂了；英國也是這樣，一個脫歐公投，把整個英國社會深深分裂了。

與西方「部份利益黨」截然不同，中國共產黨是「整體利益黨」，背後是中國自己源遠流長的政治傳統。中國是一個「文明型國家」，「文明型國家」的一個特點是「百國之和」，也就是說，中國是在自己漫長的歷史中，由成百上千個國家慢慢整合起來的。這樣的國家自然有自己的政治傳統，就是統一的執政集團。如果中國也採用西方這種「部份利益黨」模式，那麼中國馬上就會出現幾百個乃至上千個政黨，上海黨、天津黨、石家莊黨、哈爾濱黨、湖北黨、江西黨，然後就是國家分裂、內戰爆發，無數生靈塗炭。這就是為什麼一九一一年辛亥革命後中國採用「部份利益黨」模式後，最終導致軍閥混戰、國家四分五裂，而且每個軍閥背後還有不同西方國家的支持，這是最深刻的政治教訓。

我跟歐洲人說，我可以給你一個不準確但可以帶來一定啟發的比喻。我說，中國這樣的國家，有點像歐洲的古羅馬帝國沒有滅亡而延續至今，而且已經變成一個超大型的現代國家，內部包含了巨大的區域和文化差異，但這個國家擁有統一的中央政府、擁有現代經濟，人民使用統一的語言，同時也使用上千種不同的方言。這樣的國家如果採用西方這種對抗性的「部份利益黨」模式，將會變得無法治理而解體。我們還可以再做一個假設，如果今天歐盟的版圖就是古羅馬帝國延續至今的版圖的話，那麼歐盟的人口也只有中國的三分之一。如果今天的歐盟也採用多黨制一人一票來選舉歐盟的最高領導人，那麼歐盟要麼走向解體，要麼變成沒有任何實質性作用的空架子。

中國的政治文化傳統，決定了如果中國的執政黨，也像西方政黨那樣只代表部份人的利益，那麼這個政黨終將被人民拋棄。中國歷史上的各個執政集團，也都想代表人民的整體利益，但這並不容易，然而即使不能代表，它也一定要宣佈自己代表「天下蒼生」。像西方政黨那樣，公開代表部份人利益，在中國政治文化裡是行不通的。以上我是從「文明型國家」的角度、從中國歷史傳承的角度，對中國共產黨的傳統基因的探討。

對於中國共產黨來說，更重要的還有紅色基因。《中國共產黨黨章》開宗明義的第一句話就是：中國共產黨是中國工人階級的先鋒隊，同時是中國人民和中華民族的先鋒隊，是中國特色社會主義事業的領導核心，代表中國先進生產力的發展要求，代表中國先進文化的前進方向，代表中國最廣大人民的根本利益。中國共產黨的最高理想和最終目標是實現共產主義。

中國共產黨是建國黨，它是通過長達二十八年艱苦卓絕的鬥爭，犧牲了上百萬共產黨人的生命，才換來了中華人民共和國的誕生。毛澤東曾說：「成千上萬的先烈，為著人民的利益，在我們的前頭英勇地犧牲了，讓我們高舉起他們的旗幟，踏著他們的血跡前進吧！」

這使我想起了已故作家李敖生前對台獨份子的嘲笑，他說：你們是孬種，是一批沒有信仰的人。信仰就是為了事業，敢於拋頭顱灑熱血。李敖坐過國民黨的牢，也研究過國民黨在台灣白色恐怖期間辦過的近三萬個案子，他發現那些把牢底坐穿的，那些拋頭顱灑熱血的，那些橫屍法場的，都是共產黨人。在這麼多案子中，他發現只有一個是「台獨」份子，他被槍斃了，但後來發現他還是個精神病患者。

中國共產黨和中國人民為自己的民族獨立，付出了百倍於美國人為美國獨立所付出的代價，所以我們當然珍惜我們來之不易的民族獨立，珍惜我們來之不易的幸福生活，珍惜我們來之不易的成功之路，我們當然堅定地拒絕和粉碎任何「顏色革命」的企圖。

除了傳統基因、紅色基因之外，中國共產黨還有大量的現代元素。中國共產黨具有全世界最明確的現代化導向，從站起來、富起來，到強起來，從毛澤東創立了一整套政治制度安排，到鄧小平的「三步走」戰略，到習近平提出的「兩個百年」宏偉藍圖，都是為了實現國家的社會主義現代化，實現民族的偉大復興。中國共產黨的決策機制包括廣泛的協商民主和「新型的民主集中制」，這種「從群眾中來，到群眾中去」的決策機制，能夠較好地統籌不同利益團體的訴求，實現人民整體和長遠利益的最大化。中國政治制度的戰略規劃和實施能力大概是世界上最強的。一個接一個五年計畫的順利制定和執行就是很好的例子。西方人經常感嘆，西方的公司都有短、中、長期的規劃，但西方國家大都沒有這樣的規劃。在很大程度上，這是因為西方多黨制決定了一個政黨所制定的規劃換了一個政黨來執政，就往往難以延續了。台灣地區在所謂的「民主化」之前還有六年規劃，當年的經濟起飛離不開這樣的規劃，但「民主化」之後就無法制定這樣的規劃了。一個國家和社會究竟是有規劃好，還是沒有規劃好？當然是有規劃好。中國今天已經形成了「謀定而後動」的共識，從國際實踐的比較來看，中國民主決策的總體質量明顯高於西方。在美國，一個重要的決策，如奧巴馬的醫療改革，往往是極小圈子裡做出的決定，然後與各種利益團體討價還價，最後形成的東西冗長繁瑣，執行力很差，還得靠一批公關公司向公眾「出售」（sell to the public），而換了個川普總統，又把它全部推翻，這在中國共產黨的決策體制下是不可思議的。

在組織制度方面，我們總體上實行的是「選賢任能」。如前所述，源於持續了上千年的科舉制等人才選拔制度，源於中國人「宰相必起於州部，猛將必發於卒伍」的政治文化，也融入了西方政治制度中的一些做法，如民調和選舉等，總體上已經形成了「選拔＋選舉」的制度安排。中國共產黨的高級領導人大都經歷過廣泛的基層鍛鍊和各種崗位的歷練，治理過超大規模的人口和超複雜的不同部門，積累了大量治國理政的經驗，因而中國共產黨的領導人的總體素質要明顯高於西方模式所產生的政黨領導人。當然這個制度還在不斷完善之中，還有很多改進的空間，但與西方光靠「選舉」的制度相比，明顯勝出，而且前景看好。

過去三十多年，我們看到了蘇聯解體、南斯拉夫崩潰；我們看到了一場又一場「顏色革命」褪色後留下的經濟凋敝、政治混亂和社會分裂；我們看到了「阿拉伯之春」變成「阿拉伯之冬」，許多過去還算和平繁榮的國度被西方勢力推入了族群互相殺戮的戰場；我們也看到西方及其模式整體走衰的大勢，西方國家紛紛陷入嚴重的金融危機、財政危機和政治危機而難以自拔。與此形成鮮明對照的是中國在中國共產黨的領導下迅速而全面的崛起，人民生活水準跨越式的提高，中國加快了邁向世界經濟和政治舞台中心的步伐。這是一張非常亮麗的成績單，世界上還有哪個政黨拿得出來？

我們現在反覆說，辦好中國的事情，關鍵在黨，英文中的說法就是「the institution」——最重要的制度安排。所以把黨建設好，是我們事業成功的關鍵所在，否則中國就可能落到一盤散沙甚至四分五裂的境地。面對各種前所未有的挑戰和任務，我們一定要堅持「黨要管黨」，在這個過程中解決黨自身存在的各種問題，實現幹部清正、政府清廉、政治清明，確保黨始終成為事業的堅強領導核心。

二十一世紀的國際競爭日益激烈，而其中政治制度的競爭無疑是一個關鍵。我認為在這場競爭中有三條標準特別重要，這也可以說是中國的政治標準。

一是看一個國家有沒有一個能夠代表人民整體利益的政治力量。如果這個國家有這樣的力量，勝出的可能性就比較大；如果沒有，走衰的可能性就比較大。坦率地說，中國有，就是中國共產黨，而美國已經沒有了。

二是看一個國家是否有足夠的改革能力。中國需要改革，美國需要改革，歐洲國家需要改革，但我認為迄今為止似乎只有中國能夠推動真正的改革。為什麼？因為改革是要破除既得利益的，所以改革需要能夠代表人民整體利益的政治力量來推動，否則改革必然被各種既得利益者阻攔而寸步難行，就像美國連禁槍都做不到，因為這背後有代表槍枝和軍工利益的利益集團。

三是看一個國家的決策力和執行力。中國共產黨採用協商民主和民主集中制的方法進行決策，其決策力和決策質量總體上明顯高於西方國家的小圈子決策、遊說集團決策和民粹主義決策模式。我們決策的執行力也是世界公認的。

這三條標準也是一種中國話語，我們可以用它去評判和衡量包括美國在內的世界各國的政黨和政治制度，從而更加堅定我們自己的道路自信和制度自信。

第四章

中國定力：中國人，你要自信

從蘇聯解體看中國定力

蘇聯是列寧創造的世界上第一個社會主義國家，十月革命是一九一七年發生的，但蘇聯正式成立是一九二二年，到一九九一年底解體，正好七十年。而二〇一九年又正好是中華人民共和國成立七十週年。一個是超級大國七十年轟然崩潰，壽終正寢，另一個是超級規模的「文明型國家」在世界全方位的崛起，這怎能不令人感嘆萬千。

大概是一九九二年，當時我在日內瓦大學攻讀博士學位，學校舉辦了一場講座，主講人是哈佛大學的經濟學家傑弗里·薩克斯（Jeffrey Sachs）教授。他是蘇聯改革進程中「休克療法」方案的主要設計者。演講結束後開始互動，此時一位正在日內瓦大學做訪問學者的蘇聯資深學者站了起來，他沒有馬上說話，而是直接走到講台上，手指著傑弗里·薩克斯教授，用非常清晰的英文說了一句話：「我的國家已經解體了，你高興嗎？」說完便拂袖而去。當時還沒有手機，否則將這一幕拍下來會是一張極有畫面感的照片。毫無疑問，多數俄羅斯人民對於自己的國家上了美國的當而走向崩潰，對於自己的人民數十年創造的財富被華爾街洗劫一空而耿耿於懷。薩克斯教授後來很少提及他與蘇聯解體的關係，他還在美國圍堵華為公司的事件中站出來為華為說了一些公道話，隨即遭到美國右翼勢力的圍攻。

蘇聯解體的原因有很多，我想主要從經濟和政治兩個方面來探討一下。不管蘇聯有多少問題，但是它畢竟在短短二三十年的時間裡，從一個農業國變成了一個工業國，變成了「二戰」時抵抗德國法西斯的主力，並為此承受了巨大的民族犧牲——蘇聯的人口減少了近百分之十四，也就是逾兩千六百萬人在戰場上陣亡，每個家庭都有人犧牲。蘇聯曾對中國產生巨大影響。毛澤東說過一句名言：「十月革命一聲砲響，給我們送來了馬克思列寧主義。」在中國實行第一個五年計畫的時候，蘇聯也給予了寶貴的援助，包括一百五十六個大型項目的援建。中國現在使用的很多概念，包括「五年計畫」、「民主集中制」等都是蘇聯共產黨人發明的。那麼問題在於，對中國的歷史進程產生過如此巨大影響的國家，世界上第一個偉大的社會主義國家，一個一度和美國平起平坐的超級大國，怎麼就一下子轟然崩潰了？

蘇聯解體給大多數俄羅斯人帶來的是悽慘的生命體驗。據統計，「二戰」的時候，蘇聯的GDP減少了百分之二十二，但是蘇聯解體之後五年左右的時間內，俄羅斯的經濟規模跟一九九〇年相比，下降了百分之五十五。蘇聯解體對其經濟的打擊幾乎是毀滅性的，因為蘇聯模式下的計畫經濟，產業分工已經相當專業化。比方說，汽車的發動機是在烏克蘭生產的，輪胎可能是在哈薩克生產的，結果蘇聯一解體，整個經濟協作網全部崩塌，經濟走向崩潰是不可避免的。相比之下，「二戰」的時候雖然德國對蘇聯經濟造成了重大摧毀，但是同時蘇聯軍工產業在拚命地生產坦克、大砲、機關槍、彈藥等，所以從GDP來看，就出現了上述這麼一個反差。蘇聯解體後俄羅斯老百姓的生活也受到嚴重影響，社會急劇動盪，人均壽命急劇下降，男性的人均壽命由七十來歲降到了五十多歲，一下子下降了十幾歲。之所以今天俄羅斯有這麼多人支持普京，恐怕與二十世紀九〇年代這段悲慘的記憶有關。但是，雖然蘇聯共產黨垮台了，蘇聯解體了，但西方國家還是不放過這片土地，北約繼續東擴，大軍直接壓到俄羅斯邊界，所以俄羅斯人很難接受西方特別是美國的所作所為。我於二〇一九年再次到俄羅斯進行智庫交流，一位俄羅斯資深政治人物對我說，戈巴契夫時期我們以為即將進入天堂，結果發現進入了地獄。俄羅斯電視台一位資深主持人採訪我，趁攝影師、燈光師調試機器的時候，我們簡單聊了幾句。我問她如何評價蘇聯解體至今的個人經歷，她說一言難盡，但現在應該是最好的時候。我問為什麼，她說了一個單詞：「穩定」。然後補充說，只有經歷過太多的動盪才會真正懂得穩定的珍貴。

要瞭解蘇聯解體，我們要先瞭解一下蘇聯的經濟和經濟模式，蘇聯實行的是高度的計畫經濟，這個模式是有問題的，但是蘇聯有其特殊的原因。蘇聯面對的是整個外部世界特別是西方世界的挑戰，亟須發展重工業、國防工業，但代價是犧牲了輕工業。蘇聯是第一個社會主義國家，進行了很多經濟發展的探索。開始是搞「戰時共產主義」，年輕的蘇維埃當時正經歷著外敵入侵的困境，經濟靠的是企業國有化、消費品配給制、糧食徵集制、義務勞動等，但這種經濟制度難以為繼。從一九二一年開始，列寧對此作了務實的調整，叫作「新經濟政策」。新經濟政策承認商品經濟，允許外商到蘇聯投資。所以中國在一九七八年改革開放一開始，鄧小平就說過：「蘇聯過去有過新經濟政策。」鄧小平一九二六年整個一年都在蘇聯留學，當時列寧已經去世，但他的新經濟政策還沒有完全終結，所以鄧小平對於蘇聯比較靈活與開放的新經濟政策有過切身體驗：社會主義可以不完全是國有經濟，可以有私營企業，可以有外資。但是後來到了史達林時期，蘇聯經濟就轉型成了我們後來所熟知的蘇聯模式，企業國有化，實行中央計畫經濟。雖然取得了不少成就，特別是重工業、國防力量和科技力量迅速發展，但隨著體制愈來愈僵化、官僚化，經濟失去活力，老百姓的生活水準長期停滯不前，消費品奇缺，也就是所謂的「短缺經濟」。當時蘇聯人日常生活用品大都憑證供應，購貨大排長隊，這一切給西方帶來巨大的心理優勢。我記得八〇年代中期曾看過美國人拍攝的一個紀錄片。一位美國記者採訪蘇共宣傳部副部長，說，美國的制度為美國人民創造了豐富的消費品，你們的制度為蘇聯人民創造了什麼？那個副部長竟一時失語，而美國記者也夠損的，就把特寫鏡頭長時間地對著這位蘇共官員表情尷尬的臉。蘇聯經濟的這種情形和今天的中國完全不一樣，中國現在隨便拿出一個二線城市，其繁華程度都超過洛杉磯或舊金山，甚至叫板紐約也沒有太大的問題。

蘇聯在其他政策上也有失誤，比方說堅持與美國搞軍備競賽。當時美國核武器非常之多，可以毀滅地球一百次，蘇聯跟它競爭，也拚命發展核武器，力爭具備毀滅地球一百零一次的能力。現在來看，這是多麼不明智的決策，浪費了大量的人力、物力、財力。中國從來不參與軍備競賽，而是確保有效的威懾力，或者叫強大的止戰能力，相比之下，蘇聯和美國當時都是實行擴張主義政策，兩個國家都想把自己的意識形態強加給其他國家，美國搞全球霸權，蘇聯搞全球輸出革命，兩者都付出了很大的代價。

我第一次去蘇聯是一九九〇年，切身感受到了蘇聯經濟困難到了什麼程度。我去莫斯科紅場，到了紅場最大的百貨公司「古姆」（ＧＵＭ），當時商品之少超乎我的想像，因為一九九〇年的中國市場已呈現初步繁榮，幾乎什麼商品都有，雖然品質不算高。但蘇聯市場的貨架幾乎空空如也。我記得我是六月份去的，天有點兒涼，我想買一件風衣，一問才知道必須帶上護照，必須有住地派出所辦的居住證，還只能買一件。準備好證件後，在護照上敲個章——計畫供應。當時陪我的是蘇聯社科院的一個小伙子，我們一起進了一家電視機商店，那個小伙子跟我說：「張老師，蘇聯的電視機你千萬別買，那是專門對付敵人的，看的時候一不當心可能會爆炸。」

戈巴契夫時期有了一些經濟改革，但在相當長的時間裡，整個蘇聯的改革就還只是計畫經濟的進一步完善，鼓勵勞動競賽，增加優秀工作者的收入，總體成效不大，因為沒有能夠從根子上、從制度上解決問題。戈巴契夫隨後又轉向激進的改革方案，我稱之為「雙休克療法」：一個是政治「休克療法」，放棄了黨的領導；一個是經濟「休克療法」，一九九〇年中期，也就是我在蘇聯考察的時候，戈巴契夫、葉爾欽（Boris Yeltsin）達成協議，成立了一個由總統委員會成員沙塔林（S. S. Shatalin）院士為首的專家小組，制訂了向市場經濟過渡的「五百天計畫」，這個計畫的制定得到了美國專家的直接指點。現在回頭看，這個計畫是愚蠢的，它把國有企業的股份折合成債券，工人無償地拿到了一部份股權，好像這個工廠就屬於你了。但隨著蘇聯經濟陷入混亂，西方操縱的媒體包括俄羅斯當時的主流媒體，都開始製造經濟恐慌氣氛，隨後債券和盧布大幅貶值，工人傻眼了，紛紛急著出售手中的債券，結果華爾街金融資本，以極小的代價，把蘇聯人民七十年積累的十幾兆甚至更多的資產洗劫一空，這可能是人類歷史上最大的一次財富浩劫和財富轉移，這個教訓對於包括普京總統在內的多數俄羅斯人是刻骨銘心的。

政治上也是一樣的，我自己總結過蘇聯大致是走了這麼兩步：第一步是他們的知識菁英，包括大學教授、媒體菁英被西方話語洗腦；第二步是政治菁英，他們的政治局委員、政治局常委乃至總書記也被西方話語忽悠，覺得世界上有一個理想的世界，而這個理想的彼岸就是美國，就是歐洲，就是西方。蘇聯體制有很多問題，官僚主義、腐敗蔓延、經濟衰退，等等，但絕大多數蘇聯人絕不願意看到自己的國家解體。我前面講過，西方發明了各種各樣的「陷阱」，什麼「中等收入陷阱」、「修昔底德陷阱」、「塔西佗陷阱」，但其實過去數十年最大的「陷阱」就是兩個：一個是政治上的「民主原教旨主義陷阱」，一個是經濟上的「市場原教旨主義陷阱」。最終，這兩個陷阱蘇聯都失足了，所以走上了國家解體的不歸路。其實，西方不少國家自己也陷入了這兩個「陷阱」，一路走衰。

毫無疑問，蘇共最高領導人戈巴契夫被西方話語徹底洗腦了，他稱自己是蘇共二十大的一代，就在一九五六年蘇共二十大上，赫魯雪夫主政提出了全盤否定史達林的祕密報告。那一代的一批人，對社會主義和共產主義事業完全失去了信仰，戈巴契夫正在其中。他在一九八七年的時候寫了一本書，在美國出版，書名叫《改革與新思維》（*Perestroika: New Thinking for Our Country and the World*）。他在書中提出了一個觀點，叫「全人類的價值高於一切」，提出要實現「人道的、民主的社會主義」。我多次強調，人類價值也好，「普世價值」也好，需要世界各國討論後達成共識才行，一切都按照西方國家的標準來界定，那麼美國入侵伊拉克就變成了「反對專制」和「捍衛人權」，而不是二十一世紀對人權最嚴重的侵犯了。

面對親西方勢力的步步逼近，戈巴契夫步步退讓。在談黨的領導問題時，他開始時說要堅持黨的領導，反對多黨制，隔了一段時間又說採用多黨制不是原則問題，再隔一段時間又說，憲法中任何一條都可以修改，包括第六條，即黨的領導。之後又說不要害怕多黨制，最後乾脆宣佈取消共產黨的領導，實行多黨制。他最後完全失去了政治發展的主導權，一人一票選蘇維埃代表，然後由蘇維埃代表直接行使管理國家的職能，行使行政權，結果出了大問題，葉爾欽就是這樣上來的。葉爾欽原來是蘇共成員，後來因為犯了錯誤被開除出黨，但他通過戈巴契夫對蘇維埃制度的改革，直接參加選舉，後來被老百姓選上成為莫斯科的蘇維埃代表，直至成為俄羅斯的蘇維埃主席。隨後以這個平台直接叫板戈巴契夫，直至蘇聯解體。與此同時，在意識形態領域，蘇聯全面向西方繳械投降，蘇共黨史、蘇共的領袖人物、蘇聯時期樹立的英雄人物，包括蘇聯衛國戰爭時期的許多英雄人物，全部被汙名化。當時蘇聯菁英被西方洗腦洗到什麼程度？我碰到的一些蘇聯學者，他們直接跟我說：「我們這個國家太爛了，讓美國來殖民我們吧。」

在經濟上，戈巴契夫在親西方勢力面前也是步步退讓。他開始時反對私有化，後來則大力推動非國有化和私有化，認為公有經濟和市場經濟是水火不相容的，必須徹底實行以私有制和市場化為基礎的市場經濟，然後就是「五百天計畫」，蘇聯隨即陷入經濟、財政、社會、政治的全面危機。加上美國引誘石油價格暴跌，蘇聯財政收入銳減，國庫空空，政府和軍隊的薪餉都快發不出來了。如果訪問解體前後的蘇聯，連著好幾年，都會看到非常悽慘的景象：大學教授、醫生、軍官、工程師走上嚴寒的街頭，兜售各種低廉的小商品，其中一部份人甚至不得不乞討。當時的蘇聯真是可憐，戈巴契夫親自寫信給美國總統老布希，希望美國給他一百五十億美元貸款度過難關，但老布希回信，大意是，貴國要向美國國會證明自己有還債能力的信譽。一百五十億美元是個什麼概念，二〇一八年「雙十一」，淘寶一天的交易額就是三百多億美元！

共產黨崩潰了、經濟崩潰了、財政崩潰了，這些崩潰的背後是思想崩潰了，理想崩潰了，隨之而來的就是國家解體的必然結局：一九九一年九月，愛沙尼亞、拉脫維亞、立陶宛三個加盟共和國獨立；十二月，俄羅斯聯邦、白羅斯、烏克蘭三國領導人簽署《獨立國家聯合體協議》（*The Belovezha Accords*）宣佈組成「獨立國家聯合體」。一九九一年十二月二十五日，戈巴契夫宣佈辭去蘇聯總統職務；十二月二十六日，蘇聯壽終正寢。

蘇聯解體給當時的中國人也帶來了很大的震動，不少人擔心，中國的紅旗還能立多久，而西方世界則是一片歡呼聲——福山的「歷史終結論」被證明了。中國一些高級幹部走向腐敗也是這個時候開始的，蘇聯老大哥完了，中國社會主義還有希望嗎？趕緊乘機撈一把吧。但當時中國的最高領導人保持了清醒的頭腦，鄧小平本人對蘇聯、東歐的變化發表過很多次內部講話，現在大都公開了。他要中國「冷靜觀察、穩住陣腳、沉著應對、韜光養晦、善於守拙、絕不當頭、有所作為」。他說：「整個帝國主義西方世界企圖使社會主義各國都放棄社會主義道路，最終納入國際壟斷資本的統治，納入資本主義的軌道。現在我們要頂住這股逆流，旗幟要鮮明。因為如果我們不堅持社會主義，最終發展起來也不過成為一個附庸國，而且就連想要發展起來也不容易。現在國際市場已經被佔得滿滿的，打進去都很不容易。只有社會主義才能救中國，只有社會主義才能發展中國。」在蘇聯解體前四個月，他明確地說：「現在世界發生大轉折，就是個機遇。」滄海橫流方顯出英雄本色，在國內不少人亂了陣腳之時，鄧小平看到的是中國大發展的機遇來了，中國一定要抓住這個歷史性的機遇，證明中國社會主義道路一定走得通。在蘇聯解體後不到二十天，鄧小平就開始了南方視察，他心裡著急，就怕中國錯過這個機遇。他一路走，一路講堅持社會主義，堅持改革開放，堅持改善人民生活，中國社會主義一定能成功。而正是鄧小平的這次南方談話開啟了中國第二次乃至第三次工業革命的序幕，使中華人民共和國在成立七十週年之際，取得了舉世矚目的成就。

從英國脫歐看西方的制度危機

二〇一四年我做過一個演講，叫「中國人，你要自信」。在演講中我是這樣結尾的：「二〇一四年六月，我們復旦大學和牛津大學舉行了一場中國模式的研討會，我還是介紹我理解的中國模式，他們的一些學者還是質疑，質疑中國的政治制度、經濟模式，等等。我說我們可以競爭，你堅持你的模式，我堅持我的模式，我的模式不管怎麼樣，它逐步演進，它與時俱進，它不斷地進行改革，它自我調整，我說你們一定要瞭解一個基本的事實，今天的中國，每三年創造一個英國，所以我們一點兒都不害怕競爭，一點兒都不害怕制度競爭，一點兒都不害怕模式競爭，特別不害怕政治制度競爭。最後就是我的結論，很簡單，七個字：中國人，你要自信。讓我們把不自信的帽子送給我們的對手。」

這番話是我在二〇一四年六月講的，沒想到英國政治制度走衰的速度比我預期的還要快。標誌性的事件就是兩年後的二〇一六年六月二十三日，英國舉行了一場世界上多數人都認為是愚蠢的脫歐公投。美國知名媒體人、暢銷書《世界是平的：二十一世紀簡史》（*The World Is Flat: A Brief History of the Twenty-first Century*）的作者托馬斯・弗里德曼（Thomas L. Friedman）於二〇一九年四月二日在《紐約時報》頭版發了一篇評論，標題就是「正式宣佈，英國發瘋了」（The United Kingdom Has Gone Mad）。他寫到，法國的歐洲事務部長盧瓦索（Nathalie Loiseau）女士最近給她家的貓起了個名字，叫「Brexit」，中文就是「英國脫歐」。為什麼起這個名字呢？她說，我家那隻貓，每天早上都喵喵地叫著要出門，但我起床把門打開，牠又站在那兒只做怪臉，就是不出去。英國首相特雷莎・梅伊（Theresa Mary May）提出了一個又一個脫歐方案，都被英國議會否定了，很像這種情況。弗里德曼繼續寫到，今天的倫敦，大家都在講政治笑話，與其說這些笑話可笑，還不如說這些笑話可悲：因為我們正看到一個國家下了決心在經濟上要自殺，但遲遲無法就如何自殺達成共識，這是人類歷史上極為罕見的政治領導力崩潰。

「政治領導力崩潰」的背後是英國乃至整個西方的政治制度困境。在展開這個話題之前我先簡單介紹一下英國和歐盟的關係。我個人在歐洲長期生活過，總體上對歐盟的肯定多於否定。歐洲很多人，包括很多英國人，天天批評歐盟官僚化、低效率、腐敗醜聞，等等，但我們應該有一點兒歷史感。歐洲是歷史上飽經戰亂的地區，特別是法國、德國這樣的歐洲大國之間爆發了一次又一次的戰爭。「二戰」結束後，一些歐洲智者痛定思痛，覺得不能再這樣廝殺下去，歐洲要走和平發展的道路，當時的法國外長舒曼（Robert Schuman）提出了一個富有創意的設想：打仗需要煤炭和鋼鐵，那麼法國和德國能不能把這兩個國家煤炭和鋼鐵的生產和經營整合起來，這樣兩國之間就不會再打仗了。於是法國和德國，又聯合了比利時、荷蘭和盧森堡等建立了「歐洲煤鋼共同體」（European Coal and Steel Community），這就是歐盟的前身，它的成員不斷擴展直到今天歐盟的規模。如果要問歐盟最大的成就是什麼，我想就是和平，一九四五年「二戰」結束後至今的七十多年，西歐國家之間沒有爆發過戰爭，很大程度上就是因為歐盟的作用。在此之前的幾個世紀裡，德、法兩國幾乎每隔二三十年便爆發一場戰爭；而現在這兩個國家之間應該說實現了完全和解。

當然，歐盟也存在很多問題。比方說，德國是歐盟內最大的經濟體，因而德國交的「成員費」最多，這導致德國納稅人的錢變成了歐盟的補貼，用來幫助歐盟中不少相對比較窮的成員，特別是陷入債務危機的希臘和東歐國家。這使很多德國人不高興。然而反過來，希臘這樣的國家也不買賬，他們動不動就翻歷史舊賬，不久前，希臘領導人公開說，「二戰」的時候，德國佔領希臘犯下了很多罪行，德國至少需要向希臘賠償三千億歐元。

這又使我聯想到英國和歐盟的關係，許多英國人也認為自己的國家為歐盟付出了太多，得到的太少。但這是個很有爭議的問題，從經濟上看，加入歐盟後，英國與歐盟國家形成統一的關稅聯盟，極大地擴展了英國的市場，對英國經濟顯然利大於弊。但英國人對歐洲的態度，摻雜了複雜的歷史和文化原因。和英國人接觸多了，會發現英國人一般只說自己是英國人，而不太願意說自己也是歐洲人，這和歐洲大陸的情況很不一樣。也就是說，英國人明顯地缺少對歐洲身份的熱情。訪問過英國和歐洲大陸的人，細心觀察會發現一個現象：歐洲多數國家在懸掛國旗的地方，都同時懸掛自己國家的國旗和歐盟的旗幟，而在英國這種景象比較少。歷史上，英國跟法國打過太多次仗，英、法之間的矛盾比法、德之間的矛盾還要深。英國人和歐洲大陸的人看英國的角度迥異，在英國大文豪莎士比亞的眼中，英倫列島是鑲嵌在銀灰色大海裡的寶石，但在很多歐洲人的眼中，英國人的心態是典型的島民狹隘心態。

英國每年要繳納巨額的歐盟「成員費」，作為歐盟成員國，各種事務都要受制於歐盟的法律。二〇〇八年的金融危機使很多英國人感覺自己深受其害，而其後不久又趕上了歐洲「歐豬四國」（葡萄牙、義大利、希臘、西班牙）的債務危機，這些國家需要包括英國在內的其他歐盟成員提供資金幫助，這引起了很多已經處於困境的英國民眾的反感，他們把歐盟看作一個應該甩掉的「包袱」。當然最令英國人擔憂的是歐洲移民問題。歐盟從二〇〇四年開始東擴，十個中東歐國家先後成為歐盟的正式成員。根據歐盟的規定，所有成員國公民都有歐盟內自由遷徙和工作的權利。由於英國收入相對較高，大批中東歐的公民湧入英國，在不少英國人眼中，這些中東歐人搶走了英國人的飯碗，也被看作是不少社會問題和治安問題的根源。這些看法並不準確，但顯然被民粹政客和社交媒體無限放大了。這些都造成了在英國內部，特別是執政的英國保守黨內部，脫歐勢力的影響不斷擴大。英國時任首相卡麥隆並不想脫歐，根據多次民調結果，他發現儘管英國人對歐盟有很多抱怨，但贊成英國留在歐盟的還是略佔多數，所以卡麥隆想豪賭一次，乾脆就脫歐問題舉行一次公民投票，一旦如民調所顯示的多數英國人拒絕脫歐，那麼他所在的保守黨內那些給他找麻煩的脫歐派人士也就無話可說了。但他萬萬沒有想到，經過長達十五個小時的公投，最終的計票結果是支持脫歐的票數佔總投票數的百分之五十一．九，支持留歐的票數佔總數的百分之四十八．一，英國的脫歐派以百分之三．八的微弱優勢獲勝了。

應該說，我個人和許多學者的觀點一樣，英國脫歐是一個「顛覆性錯誤」。脫歐對英國經濟的打擊將是巨大的，英國將失去自由進入由它最大的貿易、資本和技術夥伴構成的歐盟市場，這使英國經濟前景陷入中長期的不確定，導致英國貿易和外國對英投資下降。很多英國人已經開始囤貨，從衛生紙到罐頭、到飲料，等等，很多百姓擔心一旦脫歐，源於歐盟的產品將變得更貴。一個所謂的已開發國家，其普通百姓開始囤積日常生活用品，這在過去是難以想像的。

對於這樣的公投結果，以卡麥隆首相為首的英國保守黨政府居然沒有任何應對預案、沒有任何底線思維，這個案例幾乎完美地展示了什麼叫作把國家治理真當兒戲。英國經濟和政治的未來就這樣被一波對國家極不負責的政客給弄砸了。結果就是全世界都在看英國的笑話。這使我想到了英國乃至西方整個政治模式所面臨的危機。八年前，我在與福山辯論時就提出，西方現在這種民主形式很可能只是人類歷史長河中的曇花一現。其主要原因就是這種形式的民主，在實際操作中，有三個難以克服的基因缺陷，也就是它是基於三個錯誤的假設：一、人是理性的；二、權利是絕對的；三、程序是萬能的。我認為這些基因缺陷是西方制度不斷走衰的深層次原因。

「人是理性的」，即所謂「理性人」假設，認為人可以通過自己理性的思考，作出理性的選擇，從而投下莊嚴的一票。但迄今為止的社會學研究都證明：人可以是理性的，也可以是非理性的，甚至可以是極端非理性的。隨著金錢捲入政治，隨著新社交媒體的崛起，人非理性的一面更容易被強化。多少政客就是充份利用了人非理性的一面大打「民粹牌」，從而獲得更多的選票和利益，而新媒體時代為民粹主義的擴大和蔓延提供了更便於操作的條件。

英國脫歐公投中有兩個例子可以說明人的非理性所帶來的政治困境。脫歐公投之前，支持脫歐的政客利用各種手段宣傳一個觀點：脫歐後每週就為英國省下三．五億英鎊的「成員費」。這個承諾是脫歐運動的核心招牌，當時倫敦市市長鮑里斯．強森（Boris Johnson），一個極端滑稽的政客，經常乘坐塗有「三．五億英鎊」字樣脫歐廣告的紅色大巴，在英國各地拉票，口號是這筆省下的錢可以用在英國人自己的醫療福利上。這個說法太有誘惑力了，特別是對於年紀大的選民，因為他們需要更多的醫療福利開支。當然，最後證明這都是謊言，但選民當時還是被這個動聽的謊言給忽悠了。

第二個例子更有意思。英國公投結果公佈出來之後，谷歌公司就當天英國人搜索最多的關鍵詞發了一條消息，說那天英國人搜索最多的關鍵詞居然就是「歐盟」。換言之，可能很多英國選民還沒有搞清楚歐盟是什麼，就把自己手中的一票投出去了，等到結果出來後，他們才真正去關心歐盟是什麼，關心脫離歐盟會給自己的工作和生活帶來什麼樣的影響。

美國學者布賴恩・卡普蘭（Bryan Caplan）曾寫過一本書，叫作《理性選民的神話：為何民主制度選擇不良政策》（*The Myth of the Rational Voter: Why Democracies Choose Bad Policies*），點出了理性人假設的要害。他指出，正是由於所謂「理性選民」的「偏見」，選票才會被各種利益集團所利用，進而對經濟造成損害。比方說，「理性選民」一般都有喜歡高福利的「偏見」，政客就打「高福利牌」，結果西方國家一個接一個地陷入了高福利引發的債務危機。

現在西方的政治制度安排基本上把選舉國家領導人的任務，每四年一次交給選民，而集體意義上的選民和個人一樣，都有先天的局限和缺陷，特別是受制於個人的眼界和利益局限，往往無法看到社會整體利益和長遠利益。選民非理性選擇的主要表現是民粹主義的氾濫。政客只要有足夠多的金錢、足夠好的表演和作秀能力，再加上各種媒體的渲染，就可以迎合選民的短視和局部利益，走上執政之路。

第二個基因缺陷：權利是絕對的。西方今天在政治文化中把權利絕對化，這帶來的最大問題就是權利與義務失去了平衡，權利壓倒義務，結果就是「權利任性」，帶來權利的絕對化和極端化。在愈來愈多的西方國家裡，權利絕對化表現出來的就是黨派政治「極化」，妥協變得愈來愈難，導致今天英國和美國等許多民主國家「否決政治」盛行。正如英國公投結果出來後，英國首相特雷莎．梅伊提出的多個脫歐方案，都在議會裡被反對黨封殺。多數觀察家認為，英國反對黨工黨領袖傑瑞米．柯賓（Jeremy Corbyn）不停否決梅伊的脫歐方案，其實是為了自己奪得權力。特雷莎．梅伊的脫歐協議被否決不久，傑瑞米．柯賓就提議對特雷莎．梅伊舉行不信任投票。他的目的是為了舉行新的大選，進而擊敗梅伊，成為新任英國首相。

美國政黨惡鬥的情況，大家就更熟悉了。川普上台以後，政府已經關門多次，因共和黨、民主黨雙方勢均力敵而政府停擺，時間之長創造了美國歷史紀錄。二〇一九年還發生了戲劇性的一幕：雙方為美國和墨西哥邊境建牆撥款發生爭執，其背後是雙方的戰略對決。議長取消了總統到國會發表國情咨文，總統則取消了議長外訪。儘管後來雙方態度有所轉變，但總體上兩黨高度對峙的問題無法解決。愈來愈多的美國人也認為，美國兩黨的政客都把自己的權利放在整個國家的利益之上，所以美國今天的政治版圖是一張分裂的版圖。

最後，就是程序是萬能的。一個涉及英國人長遠和根本利益的決定，其決議的程序設計竟然只簡單依遵多數，這本身就反映了程序制定者與英國社會嚴重脫節；也說明決策程序非常粗糙，就像卡麥隆首相本人拍拍腦袋就做公投決策一樣粗糙，而結果是全體英國人民為這種粗糙簡陋的程序埋單。西方民主已經變成了程序高於一切，認為程序正義就等於實質正義，然而有三分之二的十八至二十四歲的英國年輕選民宅在家裡，沒去投票，而這項公投的結果恰恰對這些人的影響最為長久。這些年輕人與歐盟一起長大，看到了英國加入歐盟給自己帶來的許多好處，但他們大意了，輸掉這場公投後，也沒有任何辦法糾正，因為西方民主制度已經演變成了程序就是一切。美國的情況也是這樣。比方說，美國多數公眾也認識到，美國需要更好地管理槍枝，才能減少槍擊造成的大量平民死亡，但這就需要修憲，而修憲首先要通過一些程序，程序通過幾乎是不可能的，因為美國修憲要求國會有四分之三的成員通過，這在美國的現實政治中是做不到的。所以我們看到的是一個法治社會反被自己僵化的法律程序所害，法治社會和程序正義變成了拒絕改革和保護落後的理由。換言之，一旦程序正義被絕對化，後果往往是結果不公或者實質不公。

二〇一七年，我曾在英國倫敦大學結合英國脫歐公投的案例，向英國朋友很認真地介紹中國的「協商民主」。我說，兩千多年前在小小的雅典城邦通過公民投票來決定一些非常簡單的問題，可能還說得過去，但今天像英國與歐盟這種由成百上千個條約組成的複雜關係，居然要求通過最原始的公投方式來決定，只能說明英國政客對自己國家的命運極端之不負責任。下面多數英國人都點頭——說到了他們的要害。從投票的情況來看，贊成脫歐和反對脫歐的差距才不到百分之四，依此來看，採用公投的方法只會使社會的分裂愈來愈大。我對英國人說，我是研究政治的，經常對政治問題作預測，我說我敢預測中國未來的十年，但我不知道你們敢不敢預測英國未來的十年，更具體地講，如果英國不改革如此簡單粗暴的政治模式，動不動就搞公投，我擔心十年之後「大不列顛」會不會變成「小不列顛」。我告訴英國人，這樣的問題如果採用中國式協商民主的方式，可以相當容易地解決。他們問我協商民主具體如何操作，我說協商民主在中國已經是上上下下最常用的工作方式，包括我所在的復旦大學中國研究院在內的各個單位、各個團體，幾乎每天都在實踐。協商民主即「從群眾中來，到群眾中去」，三四輪下來，絕大多數問題都可以解決。百分之三·八的差異太容易解決了，百分之三十八的差異都可能解決。其實，我也知道英國實踐不了中國式協商民主，因為協商民主需要一個代表人民整體利益的政治力量來統籌，西方政黨都是公開的「部份利益黨」，幹不了這個事兒。因為領導層無法達成共識，結果只能採用公民投票的方法，贏者通吃，只會使西方社會日益分裂。但即使西方國家無法實踐中國式協商民主，我們還是要告訴他們，至少使他們一部份人心嚮往之。今天有許多西方人羨慕中國人團結一致做事情的能力。儘管中國人口約等於二十個英國，超過整個西方人口之和，但中國能夠通過協商民主和民主集中制，在國家發展戰略目標層面形成最廣泛的全民共識，創造中國全方位崛起的奇蹟。所以，還是回到我二〇一四年的演講：我們可以競爭，你堅持你的模式，我堅持我的模式，中國一點兒都不害怕制度競爭，一點兒都不害怕模式競爭，特別不害怕政治制度競爭。最後就是我的結論，很簡單，七個字：中國人，你要自信。讓我們把不自信的帽子送給我們的對手！

「美國夢」風光不再，為什麼？

我記得大概在三年前，我在一所知名學府作演講。互動時一位同學站起來問我說，我們現在很多同學畢業以後都想去美國留學，那麼你覺得他們應該是做「美國夢」還是做「中國夢」呢？我是這樣回答的：以我自己的判斷，你可以做「美國夢」，也可以做「中國夢」，但從過去三十年的情況來看，「中國夢」顯然已經更加精彩，我相信這個趨勢還會持續下去。

這是我的一個基本判斷。「中國夢」也好，「美國夢」也好，我覺得在生活層面，是有很多相似之處的。「美國夢」最經典的表述，就是美國歷史學家詹姆斯·亞當斯（James T. Adams）曾經所說的：在這片土地上，每個人都能通過自己的努力實現自己的夢想。很多移民都是懷著這個夢想去美國的。用今天「中國夢」的表述方法就是，只要你努力，每個人都有人生出彩的機會。在這個意義上，從生活層面上講，「中國夢」和「美國夢」差別似乎不大。

那麼「美國夢」與「中國夢」的差異主要是什麼呢？在討論「美國夢」的時候，美國主流媒體的聲音也好，主流學界的聲音也好，主流政客的聲音也好，基本上都認為「美國夢」得以實現的背後是美國的政治制度，特別是美國人自己界定的所謂民主、自由、人權等。至於「中國夢」，我們現在的表述也非常明確，叫「國家富強、民族振興、人民幸福」。如果要談制度原因的話，我們強調中國特色社會主義制度是實現「中國夢」的最好保障。

「中國夢」已經比「美國夢」精彩，我們需要用事實說話。二〇一二年美國出版了一本書，名為《被出賣的美國夢》（*The Betrayal of the American Dream*），引起了轟動。作者是兩位美國資深媒體人，一位叫唐納德·巴利特（Donald L. Barlett），另一位叫詹姆斯·斯蒂爾（James B. Steele），他們倆是長期做調查報導的搭檔，曾兩度獲得美國普立茲新聞獎（Pulitzer Prize）。這本書的中文版是我作的序，兩位作者從自己的角度，分析了「美國夢」風光不再的現狀和原因。兩位作者指出，美國家庭實際收入的平均值，如果以二〇〇〇年一月的一百為基數來計算，到二〇一一年則只有八十九·四。也就是說，多數美國人的實際收入十年間減少了一成以上。美國的貧富差距拉大了，所以才有後來的「佔領華爾街」運動。美國一位很有影響力的經濟學家，諾貝爾經濟學獎獲得者斯蒂格利茨說，一項又一項研究揭示，美國曾經是充滿機會的國度，對這個結論，一百年前是這樣的，但是這二十多年的情況不是這樣的。

美國人的退休金蒙受了巨大損失。過去二十年裡，美國傳統的退休金制度，後來被一個叫作「401K 個人退休儲蓄」的方案所替代，按該計畫，企業為員工設立專門的 401K 賬戶，但這個儲蓄賬戶與傳統的退休金制度相比，公司的貢獻已經大大減少。而且「401K」的表現與公司股票和共同基金的表現密切相連，一場金融危機襲來，多少美國人的退休金大幅縮水，甚至被洗劫一空。所以美國一些有識之士開始質疑：誰出賣了「美國夢」？他們幾乎都將矛頭指向美國的政客、政府、富人、大公司，認為他們的權錢交易動搖了「美國夢」的基礎，使得普通美國人成功的機會愈來愈少。美國政府替富人減稅，用的理由是富人和他們的大公司能給美國創造更多的就業機會，但這種局面基本沒有出現。富人和大公司並不熱心把利潤匯回美國國內，許多公司在中國賺得盆滿缽滿，但他們的錢要麼留在中國繼續投資，因為中國的投資前景好，要麼轉移到開曼群島、巴哈馬群島、盧森堡等逃稅天堂。另外，富人與政客勾結，左右了美國許多智庫的報告和媒體宣傳，使政府放鬆管制，結果在短短二十年內，美國中產階級所享有的許多經濟利益都受到了損害。

所以我經常講這個觀點，就是「三十年河東，三十年河西」。二〇一七年中國居民人均可支配收入，扣除價格因素，比一九七八年實際增長了二十二．八倍，年均實際增長百分之八．五；中國中產階層的規模四十年前是零，到二〇一八年是四億，他們都擁有房產，到美國也可以位列中產階級。相比之下，同一時間段內，美國的情況是多數人的實際收入幾十年內幾乎沒有增長。根據美國皮尤研究中心二〇一八年的調查，美國普通工人的工資，如果扣除通貨膨脹因素，與一九七八年也就是四十年前的水準大致持平。

相對於「美國夢」的一路下滑，「中國夢」則展現出了強勁上升的勢趨。就我的觀察，僅就物質生活而言，多數中國人事實上經歷了一場財富革命。一個中國人，如果在過去二十年間移民美國的話，如今再回到家鄉，他會強烈地感受到中美兩國命運的巨變！如果只比較中等收入群體的資產，我想今天移民美國的華人大致可以分為兩類：一類是在中國有投資或置業的，這是少數；一類是沒有在中國投資或置業的。後者如果今天回國的話，相當比例可能都屬於國內較為弱勢的群體。多少海外華人後悔自己錯過了中國迅速崛起的黃金時期。中國以人類歷史上從來沒有見到過的速度、規模崛起，多數中國人的財富也快速增長。當然財富高速增長，也帶來許多問題，有些還相當棘手，但我仍然認為，我們可以先肯定自己的成就，再來自信地解決各種問題。今天若還有人衝著「美國夢」移民美國，千萬不要阻攔他，而且我估計會有愈來愈多的中國人，帶著同情的眼光看著他離去：要準備吃苦啦。

這也使我想起了二〇一七年一月美國總統川普的就職演說。這篇就職演說無疑是他精心準備的一篇演講，如果讀懂了他的這篇講話，就可以理解川普後來很多看似難以理喻的事情。我可以用中國人的話語來概括一下他的這個演說，主要有這麼幾點：

第一，美國人民從今天開始總算站起來了。他說：「今天的典禮，意義非同尋常。今天我們不僅僅是把權力從一個政府轉交給另一個政府，或者從一個政黨轉交給另一個政黨，而是將權力從華盛頓權貴的手中歸還給人民。」中國國內有不少人天天宣揚美國民主制度代表了人民，結果現在美國總統自己都認為，只是到了二〇一七年一月二十日，也就是川普就職演說這一天，美國人民才站了起來。當然，是否真正站了起來，我很懷疑。

第二，消除貧困是當務之急。他是這樣說的，全國各地一個個家庭在掙扎，在內城生活的母親和孩子們深陷貧窮，工廠鏽跡斑斑好似墓碑。犯罪、黑幫還有毒品已經奪去了太多生命，盜走太多未能發覺的天賦，這是對美國人民的屠殺。他用的英文單詞是「carnage」，這是描繪大屠殺的一個很重的詞。其實這是一個常識判斷，美國的中產階級規模在縮小，美國內部有一個龐大的「第三世界」。

第三，美國的利益壓倒一切。他是這樣說的：從今天起，只有美國優先，美國優先！每一個貿易、稅收、移民和外交的決定都將以美國勞工和美國家庭的福祉為第一考慮。我們必須買美國貨，我們的公司必須首先僱傭美國人。已經是二十一世紀了，世界各國的利益早已隨著全球化而互相關聯，但美國總統川普決定開始搞保護主義、民族主義。這究竟會產生什麼樣的影響？我們已經看到了這些觀點對中美關係的負面影響，對世界格局的負面影響。而就是這樣的倡導，讓美國人高呼「USA！USA！」。這就是美國人的愛國主義，一種心胸狹窄的愛國主義。

第四，空談誤國。總算有一個西方領導人公開點出了每個中國人都懂的道理，空談誤國，實幹興邦。其實，川普還是看出了美國存在的很多問題，只是他開出的藥方，提出解決問題的方法，往往是錯的，背後是美國整個體制的決策水準江河日下。

第五，他號召美國人民大力弘揚愛國主義精神，為實現美國復興之夢而奮鬥。

毫無疑問，川普總統也認為「美國夢」遇到了危機。對於這種危機背後的原因，我個人以為是美國的政治模式出了問題。美國的民主制度，基本上已經被各種充份動員起來的利益集團所綁架。

我這裡提出一個分析框架，供大家參考。美國「三權分立」制度的最大困境在於：「三權分立」本質上僅僅是一種局限在政治領域內的制度安排，而在政治領域之外，強大的資本力量其實左右了美國的許多制度安排。我經常說，中國正在重新界定現代性，一個二十一世紀現代性的理想政治制度，應該能夠確保在一個更大的範圍內，實現政治力量、社會力量、資本力量三者之間的某種平衡。而這三股力量失衡，資本力量獨大，這應該是「美國夢」被「出賣」的主要原因。正是在這個意義上，中國人的眼光已經遠遠超越了美國模式。

不少西方國家的「民主」制度日益演變成了「錢主」制度，特別是美國的民主。比方說，美國標榜的「三權分立」的分權制度僅限於政治領域，本質上這些權力還是被資本力量所駕馭。現代社會需要超出政治領域內的政治力量、社會力量、資本力量之間的大致平衡和良性互動，否則的話，「錢主」將左右「民主」，「佔領華爾街」運動所體現的百分之九十九與百分之一之間的矛盾也可能因此而長期化，最終導致更大的危機。

中國改革開放四十年來，中國的經濟和社會力量都有了長足的發展，已經形成了政治力量、社會力量和資本力量的平衡。我們可以比較一下這三種力量格局在中美兩個國家中的巨大差異。

在美國，相比政治力量和社會力量，資本力量形成了明顯優勢。資本力量已被充份組織起來，影響著政治力量，換言之，在強大的資本力量影響下，美國的政治力量缺少必要的獨立性和中立性，幾乎只能順著資本力量的要求走。同樣，美國的資本力量也在很大程度上完成了對社會力量的滲透，特別是對主流媒體的控制、對社會議題的設置等。美國號稱自己有新聞自由，但美國主流媒體的大老闆是金融資本，它們與華爾街的金融大鱷利益捆綁，難怪連川普都為它們貼上了「假新聞」的標籤。

歷史上，美國的政治力量和社會力量對於美國的資本力量還是有過某種限制的，美國法律甚至規定過，為了防止富人操縱選舉，個人向總統競選人的捐款上限為兩千五百美元。但近三十年來，特別是從雷根時代開始，美國資本力量躍升，其能量顯然壓倒了政治力量和社會力量。二〇一〇年美國聯邦最高法院裁決，公司和團體支持競選的捐款不再設上限。二〇一四年美國聯邦最高法院又裁決，個人競選捐款也不設上限。至此，美國民主真正成了「錢主」。

再看中國，歷史上，中國政治力量總是處於相對比較強勢的地位，也處於相對比較中立的地位，這個傳統延續至今。雖然中國的社會力量和資本力量的影響也都在迅速擴大，但中國的政治力量基本保持了自己的獨立性和中立性。資本力量的長處在於它善於創造財富，展現效率。過去七十年的歷史表明，前三十年間，中國對資本力量壓制過多，導致了經濟活力不足，但隨著改革開放，資本力量迸發了，中國人創造了財富增長的世界奇蹟。但資本力量也會帶來副作用，如果沒有其他制約力量，資本逐利性的特點會導致社會高度兩極分化，釀成金融危機和經濟危機。

在中國，資本力量總體上是受到政治力量和社會力量的某種限制。中國最富的一百個人是不可能左右中共中央政治局的決策的，而美國最富的五十個人應該就可以左右白宮了。資本無祖國，這些年又出現了新現象：今天資本力量要求改善本國政治制度和社會結構的願望已明顯減少，因為通過全球化和網路化，他們最大利潤的來源地可能已經不是本國，這也是西方面臨的一個新的制度困境。相比之下，雖然中國的貧富差距比之前大，但中國政治力量總體上還是保證了弱勢群體生活水準的大幅提高；中國的社會力量延續了中國平民主義的傳統，社會主流幾乎也一直傾向於節制資本。中國這三種力量的總體平衡，應該是中國得以避免美國式金融危機和經濟危機的主要原因，這也是普通百姓「中國夢」的前景應該比「美國夢」的前景更為精彩的主要原因。

這些年來，中國經濟和互聯網迅速崛起，中產階層不斷擴大，中國社會力量已經開始影響中國政治和社會生活的方方面面，對許多公共政策問題和政治問題的討論從未像今天這樣公開和深入，這種討論已經成了中國社會生活的一個重要組成部份。但社會力量也有盲目的一面，特別是民粹主義的趨勢和追求福利最大化的趨勢。好在中國的政治力量注意到了這種情況，開始更多地對社會力量進行引導甚至糾偏，最近強調建立「更加公平和可持續的社會保障制度」和對網路上謠言的治理就是很好的例子，說明中國的政治力量頭腦清醒，這種糾偏代表了國家和人民的長遠和整體利益，值得肯定。當然，如何在治國理政中更好地發揮社會力量，還有很大的改進空間，我們還要努力把工作做得更好。

總之，「美國夢」的困境和美國今天很多的問題，主要源於資本力量過大，制約了美國政治力量，也在很大程度上左右了美國社會力量，結果造成了資本力量過份追逐自己的利益而損害了美國多數民眾的利益。如果美國不能及時調整這三種力量之間的關係，「美國夢」的困境估計還會繼續下去。相比之下，中國模式下政治力量、社會力量、資本力量的動態平衡，特別是中國政治力量的相對強勢和中立，在受到社會力量和資本力量必要制約的同時，大致維持了自己規範和引領資本力量和社會力量的能力，這應該是中國過去數十年崛起比較順利的關鍵原因，也是多數中國百姓夢想成真比較順利的主要原因。我們可以由此而推論：如果中美兩國的政治體制安排都繼續按現在的邏輯發展下去的話，「中國夢」實現的前景應該比「美國夢」的前景更為精彩。

中美貿易戰小議

美國號稱是一個有言論自由的國家，但有一句話在美國基本上是不能說的，那就是「美國可能變成世界老二」。但我的好朋友、復旦大學中國研究院的資深訪問學者、新加坡前駐聯合國大使馬凱碩（Kishore Mahbubani）曾在哈佛大學做過一個演講，標題就是：「美國要準備當世界老二」（What Happens When China Becomes Number One?）。那次演講贏得了很多掌聲。馬凱碩說，道理很簡單，過去兩千年，中國在一千八百年中都是世界最大的經濟體，所以美國成為世界最大的經濟體是世界歷史長河中的一段插曲，而中國回歸它原來世界領先的位置才是歷史的常態，他說，美國要調整心態，這對美國的利益有好處。

但哈佛大學的演講是一回事，美國社會的普遍接受是另一回事。美國今天害怕失去的不僅是世界經濟總量老大的地位，更擔心的可能是在新的工業革命中失去技術老大的地位。西方自由主義經濟學一直說自由競爭是個好東西，政府的作用僅僅是「守夜人」，但現在美國政府天天給我們的自由派上課：你真的動了美國的奶酪，美國政府就抓狂，不惜採用一切保護主義的手段，甚至是下三爛的手段，全面扼殺競爭對手。美國以莫須有的罪名指控華為設備可能留有後門，卻拿不出任何證據，但誰都知道美國很多產品是留有後門的，無疑，美國最大的擔心大概是萬一別人使用華為的設備，美國還怎麼監聽世界？難怪《紐約時報》報導，美國政府已將中美對5G「控制權」的競爭定義為新的「軍備競賽」。認為誰控制了5G誰就能在經濟、軍事和情報上領先他人，甚至有專家說，5G革命所產生的影響力可能會不亞於電力給人類帶來的改變。美國極右勢力的代表，川普的前顧問班農（Steve Bannon）甚至說，幹掉華為比達成中美協議重要十倍。這種聲音在美國很有市場。中國已經崛起，美國阻礙中國崛起的企圖不可能成功，只會失敗。

二〇一八年中美貿易戰爆發，我和我們團隊就一直持這個觀點：中美雙方都會受到損失，但美國將受損更大，直至失敗。我一直用三句成語來概括我本人的看法：

第一句，「搬起石頭砸自己的腳」。

中國的消費市場折算成美元已接近六兆，如果按照購買力平價計算那就更大。換言之，中國是世界最大的消費市場，中國還是世界最大的投資市場。任何一個國家要與世界最大的消費市場和投資市場打貿易戰，是不可能勝出的。美國向中國出口的主要是大豆、晶片、飛機，在這個世界上，除了中國，美國哪裡還能為它的大豆、飛機、晶片找到十四億人口的市場？

川普打貿易戰，想減少美國的貿易赤字，但一年過去了，美國的赤字還在增加。而因貿易戰所增加的稅幾乎都由美國消費者埋單。美國大豆協會、美國服裝和鞋類協會、美國消費者技術協會都在控訴，「提高關稅只會懲罰美國的農民、企業和消費者」。這真是應了一句諺語：「吹滅別人的燈，會燒掉自己的鬍子。」

我們知道，美國打貿易戰的本質是要阻止中國的發展。復旦大學中國研究院研究員宋魯鄭是這樣說的，對於美國而言，中國是什麼不重要，重要的是實力。如果今天中國停止發展，中國實力停滯不前了，中美所有的衝突就消失了。美國最近對華為公司發起的一輪接一輪的圍剿就說明了這一點。但華為很淡定，晶片已經有了備胎，華為旗下的海思公司早就開始研發。海思總裁的信廣為流傳，他說，我們的備胎「一夜之間全部轉正」。接著谷歌又宣佈終止華為更新安卓系統，一些西方人士稱，這會「使華為癱瘓」，但華為還是很淡定：我們也有應對方案，華為操作系統團隊七年前就開始研發了鴻蒙系統，兼容全部安卓應用，還打通了手機、電腦、平板、電視、汽車、智慧穿戴，統一成一個智慧操作系統。坦率地說，這應該是下一代的操作系統，據說很快就能面世。美國人有一點始終沒有搞懂，美國愈是封鎖和打壓，中國人就愈是憋著勁要超越你，華為就是一個成功案例。

連續這麼多年，全世界每年百分之三十以上的增長來自中國。要是美國企業退出中國市場，那他們就退出了全球財富五百強的地圖，這是林毅夫教授不久前說的話。美國的高科技企業如果真的執行美國政府的指示向華為等中國公司斷供，這些企業可能很快就會走向大量裁員，甚至破產。

第二句，「將帥無能，累死三軍」。

美國領導人的知識結構嚴重老化，還是產品經濟的概念，還是停留在當年因完全由日本生產的汽車出口到美國，美國汽車競爭不過，所以要打貿易戰。美國領導人沒有產業鏈經濟的概念，也沒有全球化的概念。產業鏈意味著，任何一個產品，比方說，蘋果手機，它的零部件來自包括美國在內的許多國家，最後在中國組裝而成，所以增加關稅，大家都受損，這是典型的殺敵一千，自損一千，甚至一千五的遊戲。美國願意玩，我們將奉陪到底。

中美貿易中，中國一直想買美國的高科技產品，但美國不賣，那我們只能買它的大豆。現在倒好，美國主動要打貿易戰，那我們只能拿大豆開刀，我們轉向買俄羅斯等其他國家的大豆。何樂而不為？俄羅斯非常高興，雙方的農業合作是中俄全面戰略協作夥伴關係的重要組成部份。而對於美國的大豆農場主來說，他們可能將永遠失去中國這個世界最大的市場，但這是美國自己的選擇。二〇一八年美國農民淨收入已經同比下降百分之十六，跌至十年前國際金融危機發生時的水準，美國農民叫苦連天。

二〇一八年中美貿易戰爆發的時候，我在一檔訪談節目中引用了一位美國商界領袖的話，他是這樣說的：川普好像沒有思考過就提出了一個大數字——兩千億美元，然後為了湊足這些數字，輕率地給商品加稅，這是愚蠢的。相比之下，中國政府的政策要穩定和連貫得多。當時美國政府還召集美國公司和企業代表開了一個聽證會，最終發現百分之九十五左右的美國公司和企業不願意和中國打貿易戰，因為他們從中國進口的產品，要麼中國是唯一的供應商，要麼中國是最大、最好的供應商，加稅只能是美國懲罰自己的消費者和進口公司。但美國領導人還是一意孤行，硬著頭皮要打貿易戰，想嚇唬住中國人。對華為的圍剿也是如此兒戲，先宣佈緊急狀態，然後發佈禁令，但突然又宣佈禁令延緩九十天。華為的掌舵人任正非笑著說，我們不需要。其實是美國自己還沒有準備好，九十天之後也準備不好，這背後暴露的是美國政客決策水準之低，之簡陋粗糙，真是「將帥無能，累死三軍」。

第三，「得道多助、失道寡助」。

美國採用如此粗暴的手段，四面出擊，對外國產品橫徵關稅，還動用國家力量圍剿和打壓中國一家民企，把公平貿易和競爭的原則拋到九霄雲外。這連美國的許多盟友也看不下去了，英國《金融時報》（*Financial Times*）專欄作家馬丁·沃爾夫（Martin Wolf）撰文說：一般情況下，作為盟國，歐洲應該站在美國一邊，但川普總統現在把美國變成了一個「流氓超級大國」，為一己私利，要毀掉戰後形成的全球多邊貿易體系，這對包括歐洲在內的整個世界都是非常危險的。美國國內更是怨聲載道，耐吉（Nike）、愛迪達（Adidas）等一百七十三家公司聯名寫信給川普，要求他改變打貿易戰的主意。連那些為遵法令不得不斷供華為的美國公司，都在極力說服美國政府，不要停止給華為供貨，誰都知道，沒有中國的生意，這樣的公司很快就會度日如年。

比這些損失更大的是美國的信譽。美國針對中國一家民企做出如此上不了檯面的行為，以後誰還敢信任美國，信任美國公司？今天能運用國家權力封殺華為，明天會不會封殺愛立信、三星？今天美國把美元及其支付手段都武器化，這必然加速整個世界擺脫美元的進程。在這個意義上，我認為，華為公司打贏這場保衛戰，中國打贏這場貿易戰，其意義遠遠超出中美關係，它將是改變整個世界未來格局的大事。美國人對此已經看得很清楚，可惜我們一些國人還沒有看清楚。我們本不想打，但美國把華為、把中國「逼上梁山」。既來之，則安之，壞事可以變成好事。貿易戰是美國發動的，但下一步如何發展，何時結束，如何結束，可能將愈來愈由不得美國了，中國可能會掌握愈來愈多的主動權，直至美方最終認識到發動這場貿易戰是如此愚蠢和荒謬。

中美關係何去何從

談到中美關係，不得不提二〇一八年去世的美國前總統喬治・布希（George Herbert Walker Bush），又叫老布希。他是一位很值得懷念的美國政治人物。一九八五年七月下旬，時任國家主席李先念訪問美國，時任國務院副總理李鵬等人隨行，我擔任李鵬的英文翻譯，而美方出面接待李鵬的就是時任美國副總統老布希，所以我們之間有過一些接觸。時任美國總統雷根在白宮舉行了盛大的歡迎晚宴。美方的禮賓安排很有意思，他們讓雷根（Ronald Wilson Reagan）總統與李先念主席的夫人林佳楣坐在一起，李先念主席與雷根總統的夫人南茜（Nancy Davis Reagan）坐在一起。李先念是中國工農紅軍的將領，中華人民共和國成立後長期主管經濟和財政；南茜是家庭主婦，他們之間的共同話題好像不多。我陪李鵬副總理和布希副總統坐在第二桌，他們的夫人不在，李鵬和布希聊得挺開心。布希一見到李鵬，就展示了自己對中國的喜愛，他戴著「上海牌」的手錶、中國生產的領帶，還告訴我們是在哪裡買的，他們談了一些外交和戰略的大話題，但主要聊的是周恩來。布希說，他對季辛吉（Henry Kissinger）很有意見，因為他當年在北京擔任中美聯絡處主任的時候，季辛吉會晤周恩來總理時從不讓他參加，未能見到周恩來是他一生的遺憾。他還談到他後來訪華時見到鄧小平，他問過鄧小平，你們打算派多少學生去美國留學，鄧小平問他，你們能接受多少？我們沒有限制。他很感佩鄧小平的魄力，說這與蘇聯領導人完全不同，蘇聯很害怕知識界與西方接觸，而鄧小平顯然很自信。回想這一點，確實不得不感佩鄧小平的深謀遠慮和魄力，當時不要說中國和美國生活水準之間差距巨大，即使和泰國這樣的國家相比，中國的生活水準都差不少。然而在今天，中國留學生中百分之八十五以上都回國，並且這個比例只會愈來愈大，這再次證明了鄧小平的遠見。

今天回想起來，三十四年過去，彈指一揮間，但中國與美國呈現了此長彼消的發展大勢，中國「追趕」的速度之快、「超越」的勢頭之猛，令人感嘆萬千。一九八五年我們訪美的時候，中國經濟規模連美國的十分之一都不到，而今天根據購買力平價計算的話中國已經是世界最大的經濟體；根據官方匯率計算，中國也已是世界第二大經濟體。三十四年前，中美一年的貿易額還不到六十億美元，今天中國一天的貿易額就超過一百一十億美元，一躍成為全球最大貨物貿易國。

三十四年前的這次訪問中，美方考慮到李先念主席年事已高，給他安排的活動較少，但美方已經預測到李鵬將出任中國總理，所以給予李鵬非常特殊的禮遇，為他安排了專機以及長達四天的單獨行程。對李鵬來說，此行的主要目的之一是考察和借鑑美國現代化建設方面的經驗，同時也利用這個機會鼓勵美國加大對華投資和轉讓技術的力度。在四天內，我們先後考察了芝加哥商品交易所（Chicago Board of Trade）、福特汽車公司（Ford Motor Company）、密西西比河航運系統、胡佛大壩（Hoover Dam）、蘭德中心（RAND Corporation），又因為李鵬也主管教育，我們走訪了矽谷，走訪了史丹佛大學，瞭解他們的「產、學、研結合」等。一路走來，李鵬興致勃勃，不停地提問題，不停地記筆記，認為美國有不少經驗值得中國借鑑。

回顧過去這些年，中國借鑑和學習了美國和西方的許多有益經驗，改進了我們方方面面的工作，但更為寶貴的是，在這個過程中，我們沒有失去自我。在訪問的一路上，李鵬也告訴那些質疑中國政治制度的美方人士，中國堅持的是「中國式社會主義」，中國是在這個體制基礎上，學習和借鑑美國乃至其他國家的好經驗、好做法。

三十四年飛逝而去，中美兩國的實力對比發生了巨大的變化。兩個例子讓我感觸尤深。三十四年前，我們抵達芝加哥，一切都讓我們感到新鮮，從高速公路到超級商場到摩天大樓，對我們而言都是很開眼的東西。李鵬會見了芝加哥企業界的人士，會見了芝加哥市市長和伊利諾州州長，希望美方多來中國投資。但三十四年後的今天，情況完全變了，中國成了美國最大的債主，美國多數的州和城市都深陷債務之中，芝加哥市和伊利諾州也不例外。儘管川普政府對中國發動貿易戰，但美國許多州長和市長還是希望和中國保持大規模交流，希望中國去他們那裡投資。芝加哥市前任市長理查德·戴利（Richard Daley）任期內曾多次訪華，專程造訪過中國五個城市，推廣「芝加哥—中國友誼項目」。他反覆強調芝加哥在地理上和經貿領域都「位於美國心臟地帶」，並承諾把芝加哥打造成「對中國最友好」的美國城市。

另一個例子是技術轉讓。三十四年前，李鵬在會晤布希之前，叮囑我說會晤中可能會涉及一些技術詞彙，讓我事先準備一下。他說他會提及希望美國放寬對中國的技術轉讓。當時電腦還是個很新鮮的東西，李鵬向我簡單解釋了 CPU、64k 等概念。與布希會晤時，李鵬提到美國的電腦技術發展很快，遠遠領先中國，但對諸如 64k 這樣的技術轉讓還設限制，有點說不過去。布希沒有直接回應，只是表示這些問題可以由雙方相關部門去商談。實際上，在西方國家中，美國對中國進行技術轉讓的限制是最嚴的。好在中國人很聰明、很勤奮，也很爭氣，在高科技領域內奮起直追。如果說在個人電腦時代，我們和美國的差距還很大，那麼到互聯網時代我們的差距已經迅速縮小，今天世界最大的二十家互聯網公司中，美國佔十一家，中國佔九家，歐洲一家都沒有；而在移動互聯網應用方面，中國已經大步地走在美國前面，成為世界上唯一一個做到了「一部手機，全部搞定」的國家。美國對中國華為公司崛起所產生的恐懼很能說明問題。許多研究表明，隨著5G和大數據、人工智慧時代的到來，中國在不少方面，特別是應用技術方面已經領先。這三十四年正好見證了從個人電腦時代到互聯網時代再到大數據時代，中國與美國的差距迅速縮小，並在不少領域內正在實現彎道超車。今天美國不僅害怕失去經濟總量老大的地位，也擔心可能失去新一代技術老大的地位。西方自由主義理論一直說競爭是個好東西，能夠提高效率，降低價格，使客戶受益，但若真的動了他的奶酪，他就不惜採用一切保護主義的手段，扼殺競爭對手。

二〇一八年年底我走訪了美國不少地方，我感覺美國人從來沒有像今天這樣不自信。他們關閉了好幾所孔子學院，我跟美國人說，幾個孔子學院就把你們嚇成這樣了？中國任何一所名牌大學恐怕都可以找出至少十個研究機構或項目是由美國資助的。我告訴美國人要有點「四個自信」。中國國內也有一些不自信的人，至今還覺得「美國的月亮比中國圓」，這真是讓人啼笑皆非，我認為這種思想最終只能被歷史大潮所淘汰。

如我剛才所說，中美關係早已今非昔比。過去四十年間，中美間的各種交流增加了上百倍：以雙方的貿易為例，二〇一七年的中美貿易額是一九七九年的兩百三十三倍。雙方的人員交流也從無到有，到如今每天有一萬四千人來往於中美之間，每十七分鐘就有一架飛機飛往對方國家。

但美國就是有那麼一股勢力，認為過去四十年的交往中，美國虧了，中國賺了，所以要把中國賺到的便宜要回來，於是就有了川普發動的中美貿易戰。美國的極右勢力也乘機行動起來，要遏制中國，要開始新一輪「冷戰」。這只能說明美國自己亂了方寸，這只會使它日益陷入孤立，加速衰落。

至於貿易戰，如上一節所說，嚴格講不會有贏家，雙方乃至多方都會遭受損失，但依我之見，美國會輸得更慘。中國的消費市場折算成美元已接近六兆，如果按照購買力平價計算那這個市場就更大。換言之，中國是世界最大的消費市場。任何一個國家要與世界最大的消費市場打貿易戰，是不可能勝出的。美國商界人士自己有個說法：一個跨國公司一旦失去中國這個世界最大的消費市場，那麼它將淪為區域公司、二流公司。

有人說，你看，中興公司的晶片依賴美國公司供應，中國的技術軟肋暴露無遺。其實在晶片領域，一方面我們要看到中國與美國確實存有差距，但另一方面，我們也要看到，在我們的國防工業，如北斗衛星導航系統，用的是中國自主設計和生產的龍芯晶片；我們的「神威·太湖之光」，也就是二〇一七年世界運算速度最快的超級計算機，用的是中國自主設計生產的國產「申威26010」晶片。我們的民用產品，如手機，除了華為，仍然用美國高通等公司提供的晶片，這很大程度上是因為我們的企業把美國公司提供的晶片看作一種普通商品，乃至公共商品，也就是只要花錢你就可以買到。

美國這次犯了一個商業大忌，它把普通產品或公共產品武器化了，在我看來，就此一項，美國就不可能贏得這場戰爭，因為美國市場有大概一半的普通消費商品都是中國生產製造的，小到螺絲釘，中到汽車輪胎、自行車，大到貨櫃箱、重型起重機、波音737的尾翼，重要到抗生素……如果中國也和美國一樣，把這些普通產品都武器化，美國消費者還怎麼過日子？美國中小企業還怎麼過日子？美國的醫院都要關門了。正是在這個意義上，我真不知道美國發起的這場貿易戰將怎麼收場。當然，從兩國人民的福祉出發，我們希望兩國政府能夠通過談判找到雙方都可以接受的方案。

順便說一句，我們要真誠感謝川普，因為他使中國的晶片乃至整個高科技行業都警覺起來。核心技術是買不來的，華為走過的路是正確的，「自主創新」真的成了全民共識。我們的國防工業有這麼一句經常說的話：美國限制中國什麼，中國最後必然就能研發和生產出什麼，而且質量甚至可能更好。

中美關係究竟將何去何從？我個人認為這很大程度上取決於美國能否糾正自己的三個認知誤區：第一個是所謂的「修昔底德陷阱」，即一個守成大國和新興大國的衝突乃至戰爭難以避免；第二個是美國認為中國要向世界推銷中國模式；第三個就是美國不少人認為中國要推行擴張主義。

二〇一八年十月十五日，我在哈佛大學做了一個演講，重點就是解構這三個誤區背後的文化邏輯。我認為這些誤區背後的核心問題是典型的西方式或者說美式思維邏輯，即非此即彼、你贏我輸、零和遊戲。這一邏輯的例證，還有美國前總統喬治·布希所說的「要麼與我們在一起，要麼就是我們的敵人」（with us or against us）。川普與中國打貿易戰的假設為：中國貿易順差，便是中國得了好處，美國吃了大虧。遠比這兩位政客更加睿智的兩位哈佛教授似乎也沒有擺脫同樣的邏輯，認為一方崛起必然要以另一方衰敗為代價。我指的是薩繆爾·亨廷頓（Samuel P.

Huntington）教授，他多年前提出了「文明衝突論」，還有格雷厄姆・艾利森（Graham Allison）教授，他提出了「修昔底德陷阱」，儘管艾利森教授的本意是力求避免中美兩個大國爆發衝突。

中國是一個歷史沒有中斷的古老文明，中國的政治文化傳統似乎比西方更加包容和淡定。我們一直認為寸有所長，尺有所短，不同文明、不同民族，完全可以互相借鑑，取長補短，最終實現雙贏多贏。這種差異背後是中西方兩種政治文化傳統的差別。歐洲歷史上有上千年的宗教戰爭，不同宗教之間，同一宗教內部不同的教派之間都進行過無數戰爭，有人甚至說，這樣的戰爭今天還在繼續。這很大程度上與西方的一神教傳統有關。一神教傳統往往意味著：你和我的信仰不一樣，你就是異教徒，我是正確的，你是錯誤的，乃至邪惡的，我必須把你變得與我一樣，否則你就是我的敵人。

中國傳統文化本質上是包容與綜合的，所以中國歷史上出現了儒、釋、道互相交融、相得益彰的局面，使中國成功避免了長期宗教戰爭的煎熬，這大概也是中國歷史得以延續數千年而沒有中斷的主要原因之一。當年伏爾泰、萊布尼茨、史賓諾莎等歐洲啟蒙思想家面對政教合一、宗教戰爭頻發的歐洲，都高度羨慕和讚揚中國這種他們稱為「自然宗教」的傳統，也就是切近自然、非政治化、非零和遊戲的偉大傳統。當然中國還有一個傳統，就是不允許宗教干預政治，所以中國政教分離的傳統源遠流長。

正因為如此，從中國人的視角來看待所謂「修昔底德陷阱」，就會發現，艾利森教授所舉的十六個案例，幾乎都是篤信西方政治文化中非此即彼、零和遊戲的國家。用這種情況來比喻中國這樣一個不相信零和遊戲的國家，是沒有說服力的。換言之，「修昔底德陷阱」顯然不適用於中國。

同樣，中國也沒有傳教士的傳統，中國從來不想改變別人的信仰或者把自己的模式強加於人。歷史上，只有西方的傳教士到中國來，沒有中國的傳教士到歐洲去。如果說很多開發中國家今天把眼光投向中國模式，那很大程度上是因為他們嘗試了西方模式卻失敗了，甚至是非常慘痛的失敗，所以他們想從中國經驗中獲得啟發，這是發展經驗的交流，對於開發中國家，對於包括美國在內的西方國家，對於整個人類社會都是有益的。中國從來沒有要推銷自己的模式。

我還要指出，艾利森教授的十六個案例中所有發動戰爭的國家都是迷信軍事征服的國家。這也是中西方政治歷史的一個重大差別。歐洲歷史上的帝國基本上都是軍事帝國，武力征服他國是他們信仰的一部份。歐洲帝國的崛起一直伴隨著殖民戰爭，只是在經歷了兩次世界大戰後，才痛定思痛，走上了和平整合的道路。中國沒有西方軍國主義的傳統。鄭和於十五世紀上半葉下西洋的時候，他的主力艦的排水量百倍於八十年後哥倫布發現美洲大陸時所乘的聖瑪利亞號，但中國沒有因強大的軍事力量而對他國殖民。中國是一個修建長城的民族，長城是防禦系統，不是進攻系統。

這種政治文化差別在中美兩國對戰爭的態度中也顯示得很清楚。一八九〇年前後，美國成了世界最大經濟體，就發動了對西班牙的戰爭，佔領了菲律賓和古巴等西班牙殖民地。相比之下，中國在二〇一四年按照購買力平價計算成為世界最大經濟體，以中國今天的軍事實力，中國可以在二十四小時內收復所有被鄰國佔領的南海島礁，但中國沒有這樣做，而是主張通過談判解決分歧。我們還可以追溯到一九六四年中國剛開始擁有核武器之時，那時中國就宣佈不首先使用核武器，不對無核國家使用核武器。如果今天所有擁有核武器的國家都能像中國這樣做，我們這個世界就可以免除核戰爭的恐懼了。

美國媒體把這樣的中國說成好戰，顯然是荒謬的。中國只是從自己近代史上遭受的一次又一次的西方入侵中，認識到沒有強大的國防，就會任人宰割，所以才開始追求民族復興和國防的強大，並且取得了巨大的成功。今天中國人對自己的國防能力很有信心，中國不會接受任何國家對中國核心利益的挑戰，但中國也不會去挑釁任何國家，認為中國奉行擴張主義的觀點顯然是站不住腳的。

這使我想到了大約一個世紀前，英國哲學家羅素（Bertrand Russell）來訪中國，當時西方世界剛剛經歷了慘痛的第一次世界大戰，他對西方文化崇尚暴力的傳統進行了深刻反省，認為那是一種「發瘋」的文化，對中國崇尚和平的傳統給予高度讚揚。但當時中國許多知識界人士由於國家被西方列強一次一次打敗，喪失了必要的文化自信。羅素則富有遠見地指出，終有一天，當中國人擁有足夠的自衛能力之際，中國人崇尚和平的文化將造福整個世界。我個人認為，這很大程度上就是中國今天的情況。中國通過數十年的不懈奮鬥，經濟發展起來了，獲得了充份的自衛能力，但中國不侵略他國，當然也不允許他國侵略中國。在此基礎上，我們在全世界推動和平與發展，包括「共商、共建、共享」的「一帶一路」倡議，我們主張建立新型大國關係，共同建構人類命運共同體。

我們正處在歷史發展的一個關鍵時刻，我們的選擇將變得非常重要。想把中美關係拉入「冷戰」，這既不符合美國的利益，也不符合中國與整個世界的利益。關鍵是與其作出愚蠢的「冷戰」選擇，不如作出明智百倍的合作共贏選擇。作為世界上兩個最大的經濟體，中美雙方的利益已經十分密切地捆綁在一起，求同存異、合作共贏是唯一正確的選擇。中國方面對於這種選擇沒有任何困難，因為我們的文化中有和而不同、合作共贏的基因。實際上，美國在自己崛起的過程中，也曾經展示過這樣的包容文化。美國國父富蘭克林（Benjamin Franklin）、托馬斯・傑斐遜（Thomas Jefferson）、約翰・亞當斯（John Adams）、托馬斯・潘恩（Thomas Paine）等美國奠基人都從儒家學說中汲取了大量的智慧。

同樣，中國在自己崛起的過程中也從美國汲取了大量的知識和智慧，我們過去向美國學習，現在還在向美國學習，今後還要向美國學習。但這樣做不是照搬美國模式，照搬別人的模式從來都不會成功，在這個意義上，我們的眼光是超越美國模式的。中國進行了人類歷史上最大規模的改革和探索，這個過程也有很多成功的經驗，其中不少內容，值得美國朋友研究乃至借鑑，特別是「和而不同」與「合作共贏」的經驗。

在世界歷史的這個關鍵時刻，我們要防止任何把中美關係推向冷戰的勢力。冷戰是基於一種恐怖平衡，即所謂的 MAD（mutually assured destruction），中文是「互相確信的毀滅」。這種選擇會產生對雙方和對世界都極為嚴重的後果，即羅素所說的「發瘋」。我們今天完全可以選擇比 MAD 好百倍的 MAP（mutually assured prosperity），也就是「互相確信的繁榮」，這種選擇將給中美兩國人民和整個世界帶來更多的和平和繁榮。如果我們還能更為勇敢地向前邁出一步，共同為構建人類命運共同體而奮鬥，那麼我們兩國的關係就會發展得更好、更順利。

所以我對中美關係的中長期前景還是謹慎樂觀的。我相信，英文中的兩個成語也是美國人的哲學：一是「Things may have to get worse before they get better」（情況只有變壞之後才可能變好），這很大程度符合事情發展的辯證法，只有經過誤解乃至摩擦雙方才能更好地瞭解彼此，最終在新的平台上形成更為穩定的關係。二是「If you can't beat them, join them」（如果你無法打敗他們，就加入他們），美國是最講求實力的，這實力包括硬實力，也包括軟實力，隨著中國進一步崛起，美國最終會看到其遏制中國崛起的企圖將一個接一個地不斷失敗，然後可能就到了它改邪歸正的時候了，這一天會到來，而且可能不會太久。

從「世紀之辯」到「世紀之變」

二〇一一年前後，「阿拉伯之春」爆發，迅速從突尼斯蔓延到埃及、敘利亞、葉門等許多阿拉伯國家。當時，西方媒體一片歡呼聲，宣佈偉大的西方民主模式降臨到了阿拉伯世界，阿拉伯世界的春天來臨了。與此相反，我的判斷截然不同，我認為「阿拉伯之春」不久將變成「阿拉伯之冬」，現在考證下來，我是全世界最早作出這個預測的學者，至今引以為豪。英文維基百科在「阿拉伯之冬」（Arab Winter）詞條下是這樣表述的：二〇一一年六月，中國的張維為教授與（「歷史終結論」的作者）弗朗西斯·福山進行了一場辯論，福山當時認為「阿拉伯之春」可能會蔓延到中國，而張維為教授則率先預見了（「阿拉伯之春」將變成）「阿拉伯之冬」。我當時是這樣說的：「至於中東最近出現的動亂體現了人們好像要自由，而我覺得最關鍵的問題，是那個地方的經濟出現了大問題。我去過開羅四次。二十年前開羅跟上海的差距大概是五年，現在比上海落後四十年，一半的年輕人沒有就業，不造反行嗎？而且我自己對中東的瞭解使我得出這樣的結論，西方千萬不要太高興，這會給美國的利益帶來很多的問題。現在叫『中東的春天』，我看不久就要變成『中東的冬天』。嚴格地講，那個地區還沒有成熟到中國的辛亥革命時期。所以長路漫漫，出現什麼樣的問題，會有什麼樣的結局，我們會看到的。」

果然，不出所料，「阿拉伯之春」很快就變成了血雨腥風的「阿拉伯之冬」：埃及的全面動盪、敘利亞的全面內戰、利比亞的全面失控、葉門的全面廝殺。我想「阿拉伯之冬」的影響還會持續下去。

在歷史轉折的關頭，作為一個中國學者，能夠在全世界第一個作出準確的預測，這既是對自己國家的盡責，也是對世界的盡責。我經常跟國內的朋友說，當時不少國人被來勢洶洶的「阿拉伯之春」嚇倒了，認為中國制度也岌岌可危，哪裡還敢向西方政治話語反駁？我經常跟歐洲人說，如果當初你們能夠聽取像我們這樣中國學者的預判，你們也許就可以避免今天席捲歐洲的難民危機了，但現在已經晚了，你們只能自己去承擔這場危機所帶來的一切。我也經常對美國人說，不要再到處放火，一會兒「顏色革命」，一會兒「阿拉伯之春」，這叫害人害己，結果將一個比一個糟糕，你們駐利比亞的大使都慘死於「阿拉伯之冬」，這個教訓還不夠深刻嗎？

今天我們處在「百年未有之大變局」。中國正在迅速崛起，我認為人文社會科學工作者，要有雄心壯志。我們要通過自己對中國和世界扎扎實實的研究，作出原創性的貢獻，千萬不要滿足於給西方學術當打工仔。我們應該花大功夫瞭解真實的中國、真實的世界，瞭解西方話語，進入西方話語，但進去之後一定要出來，否則是沒有出息的，而走出西方話語就是海闊天空。總之，我們尊重西方，但絕不迷信西方，絕不迷信西方的智庫，絕不迷信西方創造的指標體系。我們堅持實事求是，堅持原創性的研究，絕不人云亦云，西方的東西只能是參考。以我比較熟悉的中國政治研究為例，多少西方政治學者，多少西方的智庫，對中國政治作過準確的預測？我幾乎找不到，我怎麼尊重他們所做的學問？中國學者完全可以通過原創性的研究，提出能夠影響中國和世界的觀點和理論，中國學者和中國智庫應該自信起來！

讓我們回到那場「世紀之辯」。這場辯論發生在二〇一一年六月，距今正好八年。我們可以簡單回顧這場辯論的主要內容，這些內容還在影響我們今天所處的「百年未有之大變局」，因為它所涉及的一系列尖銳的政治問題，如民主還是專制問題、問責制問題、中國和美國制度的未來問題、中產階層的政治傾向問題、西方民主的未來問題、民粹主義問題、世界文化會不會趨同等問題，將會長期地影響中國、美國乃至整個世界。

這場辯論的地點在上海文廣大廈。福山先生是西方自由主義大家，他的著作《歷史的終結及最後之人》（*The End of the History and the Last Man*）使他一舉成名。他的基本觀點很簡單：西方式的自由民主代表了人類歷史的最高階段，在這個意義上，歷史終結了。蘇聯的解體和東歐的崩潰似乎印證了他的觀點。當時《文匯報》和上海春秋研究院邀請他來，希望他談談國際秩序中新型經濟體的作用，並和我進行一場對話。但他到了文廣大廈休息室後對大家說，他要談談中國模式。坦率地說，我們有點兒驚訝，這跟我們原來給他的題目不完全吻合。這些年來，中國人文社會科學領域，西方話語的滲透非常之深，特別是政治學、經濟學、新聞學、法學等。在與福山先生辯論前，我也看了一些中國學者與他的對話和討論，恕我直言，那不是對話，而更像是「匯報工作」。我們一些學者關心的是中國哪一天才能達到美國民主和法治水準。這種弱者心態使許多西方學者來到中國，如入「無人之境」，所向披靡，在任何問題上都被看作專家，觀點被廣泛轉載和引用。這種局面該走向終結了。我對在場的《文匯報》負責人輕輕地說了一句，「給他一點兒中國震撼吧」，當然，雙方都保持了禮貌和互相尊重，但我們的觀點分歧很大，辯論激烈但不失理性，應該說這場辯論已經成了中西方學者，就中國模式和西方模式進行理性對話和正面交鋒的一個經典。

讓我簡單回顧一下那次辯論涉及的十二個問題。

第一個就是剛才已經討論過的，中國是否會經歷「阿拉伯之春」，以及「阿拉伯之春」的未來，這裡就不重複了。

第二個問題同樣尖銳，福山說他研究中國歷史，覺得中國模式實際上是這樣的：碰上個好皇帝這個朝代繁榮昌盛，碰上個壞皇帝這個朝代一蹶不振，他叫「壞皇帝問題」。我的回應是，即使退一萬步，中國歷史可以被簡化為「好皇帝、壞皇帝問題」，那麼中國至少有七個朝代的壽命都在兩百五十年以上，比美國歷史都長，誰也不能保證美國和西方的制度能夠持續下去。然後我說，中國已經通過自己的一系列政治改革，解決了所謂的「壞皇帝」問題。中國領導人大都擔任過兩三任省委書記，治理過至少一億人口。而且中國實行的是集體領導和民主集中制。像美國小布希當政後，可以隨意發動兩場愚蠢的戰爭，在中國這個制度下是不可能的。中國制度，雖然還在完善之中，但不會產生小布希這麼低能的領導人。

第三個問題是「小布希問題」。我接過福山的「壞皇帝問題」，說我現在擔心的不是所謂中國的「壞皇帝問題」，而是美國的「小布希問題」。美國的政治制度和中國的政治制度都需要改革，但中國的政治改革從未停步，而美國的政治制度是前工業革命的產物，需要進行實質性的改革。沒有實質性的改革，我擔心美國今後選出的總統可能還不如小布希。今天很多人，包括很多美國人和歐洲人，非常認同我的這個預測，二〇一七年奈克薩斯思想者大會的時候，我提到了這一點，下面掌聲一片。

第四個是問責制問題。福山理解的問責制就是西方那樣的每四年進行一次的大選。我當時是這樣回應的，我說我長期在西方生活，熟悉西方這種問責制，現在看來這種制度愈來愈難以真正地問責。我跟他說：中國現在正在探索下一代的政治、經濟、社會和法治制度。我們從西方學習了很多東西，現在還在學，以後還要學，但是我們的眼光超越了西方模式，因為西方模式有太多的問題，無法做到真正的問責。中國進行的政治試驗，包括政治問責、經濟問責、社會問責、法律問責等，比西方這個問責制的面要寬得多。我舉了一個例子，我們現在所處的地點在上海市靜安區，這個區不久前有一棟民居著火了，造成了不少百姓生命財產的損失。實際上這是政府改善居民生活條件的一個工程，但由於種種原因，出了事故。我們實行了問責制，有關的官員、有關公司的負責人都受到處理，被繩之以法。我說相比之下，美國金融危機是二〇〇八年爆發的，我們這場辯論是二〇一一年，整整三年過去了，現在又八年過去了，沒有任何人被問責，一筆糊塗賬。而就因這筆糊塗賬美國老百姓的財富平均減少了四分之一左右。

第五個問題是關於法治的。福山說中國一個最大的問題是沒有法治。我說我們一直在探索建設高質量的法治社會，也一直在學習西方法治建設的有益經驗，但中國的眼光超出了西方法治模式。以美國為例，金融危機爆發後，對於造成金融危機的那些金融大鱷，美國政府不僅沒有將他們繩之以法，還以法治的名義給予他們上億美元的獎金。為什麼？因為這些華爾街大鱷幾乎都簽過合同，英文叫「golden handshake」——「黃金般的握手」，以吸引人才的名義，就是不管盈利不盈利，我離開你這個公司的時候這筆獎金都是要給的。這引起了美國社會的公憤，但他們還是心安理得，獎金照拿。我告訴福山，中國人有一個概念叫「天」，中國文化「敬天」。這個概念如果翻譯成現代的政治話語，「天」就是民心向背，就是一個民族、一個國家的整體的、核心的利益。我說我認為我們百分之九十九．九的情況是嚴格照法律來辦，但我們一定保留一個小小的空間，在涉及民心向背的大問題上，在涉及人民整體與核心利益的問題上，我們會在不違反法治精神的前提下，作出政治決定，否則就可能是「法條主義」，治理中國這麼一個有一百個歐洲普通國家規模之和的「文明型國家」，「法條主義」會出大問題。換言之，中國法治建設一定是要超越西方模式的，美國今天的「法治」（rule of law）幾乎已變成「律師治」（rule of lawyers），律師是按市場收費的，這顯然更有利於富人，而且律師在美國是一個巨大的利益集團，他們使美國國家治理的成本奇高，使許多必要的改革寸步難行。

第六個問題是中國模式是否可持續。在這個問題上我給他講了「文明型國家」的觀點，「文明型國家」有自己的大週期，中國現在還處在這個大週期的上升階段。西方學者和深受西方話語影響的人，預測中國老是出錯誤，就是因為他不懂「文明型國家」的大週期。我說，歷史上，中國一個好的朝代怎麼都持續兩百五十年、三百年甚至更長時間。中國今天不能用朝代來形容，但中國人講勢，勢一旦形成，即使有相反的浪花，相反的力量，也扭轉不了這個大勢，這就是為什麼中國的崛起勢不可當。中國今天還在自己崛起的初級階段，更精彩的故事還在後面。

第七個問題是如何評價毛澤東。福山對毛澤東有頗多微詞。我說你一定要瞭解中國絕大多數普通百姓至今對毛澤東主席仍然非常尊重，這一定是因為毛主席做對了很多事情。我舉了三個例子：一是毛主席統一了這麼大一個國家；二是進行了土地改革，中國的農民今天是有土地的，一般開發中國家做不到；三是婦女解放，中國婦女地位高於世界上絕大多數國家。

第八個是腐敗問題。我說實際上這個問題我們要有歷史眼光，任何一個國家，包括美國、日本、歐洲國家，在崛起的時候，也就是財富爆發性增長的時候都經歷過腐敗增多的問題，因為財富增長的速度遠遠高於監管，後來都是通過補短板，把監管這一塊做上去，這就是中國今天正在做的事情，而且力度非常之大。福山認為只有西方模式才能遏制腐敗，我說歷史經驗不能證明這一點。以「亞洲四小龍」為例，「亞洲四小龍」在初步完成現代化之後，韓國和中國台灣地區，採用了美式政治制度，而新加坡和中國香港地區還是或多或少保留了原來的模式。結果在治理腐敗方面，新加坡和中國香港地區，比韓國和中國台灣地區要成功得多。我還講了美國的第二代腐敗。美國金融危機，如果按照中國的標準，那是嚴重的金融腐敗造成的。美國的監管公司搞「監管套利」，把許多風險極高的金融衍生產品評定為最好的 3A 產品，向全世界兜售，害得全世界多少老百姓包括許多美國人傾家蕩產。但美國不把這個叫作金融腐敗，而是簡單地稱為「moral hazard」（道德風險），美國會為此付出沉重的代價。

第九個問題是中產階層的政治態度問題。福山認為中產階層崛起必定帶來民主化，因為中產階層要求問責制，要求發表自己的聲音，要求參政。我說中國的中產階層實際上是最支持中國穩定的，他們絕大多數都是中國穩定和崛起的最大受益者和支持者。

第十個問題是所謂的「文化趨同論」。福山認為隨著現代化和全球化，世界文化將愈來愈趨同，我說可能不是這樣的。我提及了當時中國的一首流行歌曲〈常回家看看〉，中國人忙著現代化、忙著賺錢，突然在這首歌裡都找到了感覺，覺得不管你多麼忙，也要常回家看看。這樣的歌在美國不會流行，因為中國人為家所願意付出的遠遠超過美國人。我還說，中國的文化像八大菜系，美國的文化有點兒像麥當勞。麥當勞文化有其長處，值得中國借鑑，但不可能是八大菜系融入麥當勞，而是八大菜系怎麼收編麥當勞的問題。

第十一個問題涉及民粹主義與民主的關係問題。我明確表示，我看衰西方民主制度，一個重要原因是它難以解決「低智商民粹主義」問題，美國的制度解決不了這個問題。福山當時是這樣回應的：「美國最偉大的總統林肯有一名言『你可以在一段時間欺騙所有人，也可以在所有時間欺騙一些人，但不可能在所有時間欺騙所有人』。對於美國這樣一種非常成熟的民主制度，人民有自由的言論權、評論權。從長期角度來說，人們最終還是會作出正確的抉擇。」我當時一邊聽，一邊在心裡想：這個福山呀，有一點「簡單天真」啊。我當時是這樣回應的：「您很樂觀，認為美國會吸取經驗教訓，不被民粹主義左右。但我自己覺得隨著新社交媒體的出現，民粹主義會愈來愈嚴重，這是一個大趨勢。一個國家也好，一個社會也好，垮下來是很快的事情，不是簡單的一個體制問題。」從二〇一六年英國脫歐的公民投票和美國川普上台這些黑天鵝現象來看，西方民粹主義思潮愈演愈烈，金錢的捲入，新媒體的捲入，最終西方這種「低智商民粹主義」可能會毀掉西方的未來。至於林肯的表述，在哲學層面是對的，語言也是詩一般的，但現實很骨感，政治有許多維度，比方說，政治有時間維度、空間維度，還有成本維度。就好像說，你今天丟了手機，我可以寬慰你：沒關係，你的手機一定還在這個地球上。

第十二個問題就是討論關於「歷史終結論」本身。我講了一個很大的觀點，我說從歷史長河來看，我認為西方現在這種民主制度，即所謂「多黨制＋一人一票」，可能只是人類歷史長河中的曇花一現。因為道理很簡單，就是兩千四五百年前在古希臘有些很小的城邦，那裡的男性公民有一人一票。最後這個所謂雅典民主也被斯巴達給打敗了。之後的兩千多年「民主」這個詞在西方的政治話語中一直是貶義詞，相當於暴民政治，直到西方國家完成了現代化之後，一人一票才開始成為主流，美國是一九六五年才開始的一人一票。中國的改革開放是一九七八年開始的，大家都是新生事物，就差十幾年，我們可以競爭的。我直白地對福山說，我認為不是歷史終結論（end of history），而是歷史終結論的終結（end of the end of history）。

我想到了當年英國國王喬治三世（George III）在一七九三年的時候派特使到中國，當時中國的乾隆皇帝會見了英國特使，乾隆皇帝的觀點代表了那個時代中國版的「歷史終結論」，世界上沒有比我更好的制度了，你們英國送一些雕蟲小技的東西，我們大清帝國不屑一顧。後來歷史證明就是從那個時候開始中國的國運急劇下滑了。我說我覺得恐怕西方現在有點兒像中國的乾隆時期，正在明顯地走下坡路。

以上十二點，就是我們當時辯論的主要內容，八年過去了，大家可以作出初步的評判，誰的判斷和預測更為靠譜。一些問題再等一些時間下定論也無妨，但我相信我的判斷和預測是準確的。

後記

《這就是中國》於二〇一九年一月七日在上海東方衛視開播，所受到的歡迎和引起的回響超出了我的想像。《這就是中國》的實踐已經證明，只要我們堅持原創性研究，在話語的實質內容和傳播形式上都進行創新，我們能夠贏得中西方的話語之爭，能夠贏得廣大民眾，特別是中國年輕一代，對中國崛起和中國道路的真正認同。

本書蒐集了《這就是中國》開播以來的二十八篇文稿，反映了我對中國崛起、中國道路和中國模式的最新思考，其中部份內容進一步展開了我在「中國三部曲」（《中國震撼》、《中國觸動》、《中國超越》）等著作中提出的一些論點。

這個節目是在復旦大學中國研究院和觀察者網的聯合支持下，由觀視頻工作室與上海東方衛視聯合製作的，所以我要由衷地感謝潘小礫研究員和她的《觀視頻》團隊，感謝金仲偉研究員和他的《觀察者網》團隊，感謝中國研究院的范勇鵬、陳平等研究員，感謝節目主持人何婕，感謝上海廣播電視台的袁雷副總裁、任靜執行監製、高健總導演等。沒有大家的通力合作，節目的成功是難以想像的。

我要特別感謝上海市委副祕書長、宣傳部副部長朱詠雷和上海廣播電視台台長高韻斐的高度信任和堅定支持，感謝上海人民出版社社長、總編輯王為松，副總編姚映然和編輯賈忠賢等的辛勤付出。我還要感謝妻子慧慧和兒子逸舟的理解和支持。

本書部份研究得到了國家社科基金重大項目（2018MZD024）的支持，在此一併致謝！

此時此刻，正值中華人民共和國七十週年華誕，謹將此書獻給所有為中國崛起作出貢獻的奮鬥者！

張維為

二〇一九年八月一日於上海淀山湖畔

書　　名　這就是中國：走向世界的中國力量
著　　者　張維為
責任編輯　苗　龍　杜天寶
封面設計　吳丹娜
出　　版　三聯書店（香港）有限公司
香港北角英皇道 499 號北角工業大廈 20 樓
Joint Publishing (H.K.) Co., Ltd.
20/F., North Point Industrial Building,
499 King's Road, North Ponit, Hong Kong
香港發行　香港聯合書刊物流有限公司
香港新界大埔汀麗路 36 號 3 字樓
印　　刷　美雅印刷製本有限公司
香港九龍觀塘榮業街 6 號 4 樓 A 室
版　　次　2020 年 9 月香港第一版第一次印刷
規　　格　16 開（170 × 230mm）240 面
國際書號　ISBN 978-962-04-4562-0